林祖藻 主編

明清科考墨卷集

第十六冊

卷四十六

卷四十七

卷四十八

蘭臺出版社

第十六冊　卷四十六

君十卿祿卿祿二大夫

入宗師歲試拔復
樂縣學一等一名劉　豊

卿祿不以次國而異、之乎卿祿也夫次國之君其祿似難擬於
大國矣而仍十卿祿、而卿之祿僅三大夫耳、則謂先王以異
卿祿者異君祿可也、蓋聞先王之班爵也伯與侯均以七為節至
于大國有三者、次國亦有三則意亦之班于七十里之國也其
百里之國君十乎、四大夫者其同矣乎而不然也試
言次國君與卿之祿夫次國之君固猶是三卿而下凜然共
一尊也獨計七十里之地為七十里者四十有九其間
林鹿川選溝
城郡名宇途卷如大國之三分去一為

三千三百六十有奇為田僅二百九十三萬九千四百畝
其君之祿十卿四大夫者之祿其勢必有所不能雖然大國
三萬二千畝次國之君誠不得比于大國之君之祿次國公
田三十二萬六千六百畝其君之祿視異君大國者之遠適甚
卿〻祿非所以全其尊君也且伯子所需總不如公侯之繁而
無紀而服食用御僅能贍給將虞鄭亦苟之主其去監門也幾何
矣然則次國之君似卿為不可也不十卿祿為亦不可頤次
國之君何以得十卿祿也哉計卿之五大夫者其田則亭三千二
百畝也其入則給一百八十八人也五十乎此微論無以別於大

國之右且何以庶乎卿以下也先王曰君之祿吾誠不容以次國
而異之然又何可使無異也何異乎爾則異之乎卿祿也次國
之卿再命較一命之大夫則已陷凡再命之卿然衡較慈衡之卿
則已降祿之者國雖無膴抑人有言曰最爾國執其政柄其取精
也矣其用物也宏矣不千取百胡為乎則視大國之卿四綬其
一為可也余聞之矣祿三大夫云故無論裂繻祭足開其富不得
與胥季孟晉亦范韓同其榮辱而席豐踐子展加命先入邑而豐
三命子產東自[illegible]以達于絳而準以先王之制亦不過子之
本四百[illegible]十六人之養耳若是者何也蓋欲使甘

之少，與[illegible]即不得不使其卿之祿與大國之卿

其實入卿之祿與代耕之卿異其實即其君之祿與太國之君之

祿亦不能不畀其祿矣然後知次國之君十卿祿僅當君大國者

四之三也吾故曰先王以異卿祿者異君祿也

賦得霖雨思賢佐 五言六韻限賢字

良弼同霖雨其人可思鮮應徵闕作肅

九位動思賢夢想徵知也卯遊得水年擬將求傅野若待潤邑田

此意殷如渴由 開必先虎申憑嶽降瑞叶出雲川

君子之仕也　二句

山西蔣宗師歲試鳳臺縣學一名　呂元亮

明君子欲仕之心以存義者繼世也夫行義于舉世廢義之日事

九難而心愈苦莫苦君子之不忍于不仕也所願爲丈人進一箴

○題○緊○反○面○不○犯○正○意○已○在○上○文○也○緊○從○虛○字○起○義

也曉之若曰女果長往矣用世之心難冀夫忘世者之共喻也然

剖晰也○串插合

謂于天地必有與立起而方持之者不忍踏過中之畸行致廢于

○爾○也字○

人之倫常其跡非好勞也其心可共白也誠使平心察之得其所

以不斷不然之故夫亦可舉然感慨然動也潔身亂倫丈人竟欲

住本題語

縻此義乎生於三而事如一當此身難貴食之乎食吾身而不以

身報是甘為義棄之身也君子不敢言潔也綱有三而君為首忿

此論孰有大焉者務其小而偏置其大亦曾如義不廢行乎君子不忍使廢也且君子曠觀世故默察人情豈不謂石隱之高尚于狷潔之輩哉豈不謂介節之貞足為風世之舉哉而乃汲汲焉必以于仕且若苟不仕而有所大不可者是誠何為哉蓋以義切晉身則引為其義而不能自外[illegible]世遷則志在必行而不可稍離在先王之廣招仕進也原非曰從我遊者能尊顯之也教于學曰明倫爵之朝曰報國原特標此義于親序別信之上而自古為昭而在君子之志期人任也又非曰吾學優焉可從政已也屬泰運同慶明良際會時尤熏天澤帷特存此義于晦盲否塞之秋而大

蓋求吾義大于天天之定者人不能違君子驗天心剝復之循環而知仕欲不仕即無以後天而奉若義廢而天敘已淪義行而天經不識君子誠畏天而不敢棄天也欲不仕而又烏能已也義率于以孟子命也有性焉作說明畏天下道之不行性之定者命不能限君子審吾性忠良之在他而知苟託潔身即贊予化性而起偽所性存而義非外鑠大義立而性始無虧君子以是行義非鑠資盡性以盡人性也欲不仕而有所不安也義之行不行特于仕不仕辨之君子之仕也其故不大彰明較著哉遐思上古開草昧而奮經綸功垂六相定平成而換昏墊續紀九官亂極當治理有固然救弊扶衰端由人事義待人而行也所以仕如此其急也聯

直省新科考卷　論語

縷詠悠然

全義而可療則乾坤或幾乎息矣文人又安得勤四體分五穀優

漭作息白謝潔身為也

飲泉石之膏肓起煙霞之錮疾理居最上聲滿天地

君子之仕 二句

梧州一名 段丕承 中式

君子不敢以無義自安、而仕在所不容已矣、蓋不知君子之何以仕、且有以仕譏君子者、明之曰行義而義不可廢、仕何可廢哉、若謂自隱見之途分而仕者以不仕爲非、不仕者必以仕爲非、乃爲明其不可已之故、與其不敢已之意、慮不足以服其心、而使之知其無可逃如潔身則亂倫、不仕者應何以自解哉、雖然、彼尚未明夫仕之必不可已也、彼尚未明夫君子之於仕有其必不敢已者也、夫既亦明乎君子之仕之何以不敢已、則將謂君子之仕或別有所爲爲而彼之不仕固不願出乎此、即君子之仕不必別有所爲爲而彼之不仕亦

河洛宋升　下論

不必盡出乎此是仕屬可輕可重之數而君子之仕且得已而不已也是安得不取君子之所以仕而告之乎而君子之仕何為乎蓋爵位之見非所語于君子也夫石隱者流尚能忘情于祿糈而正誼明道之儒豈猶以榮膴縈其念應藉非綱常名教之重寔有糾之以不得不然者君子當不為是汲汲也抑功名之說亦非所語于君子也夫獨善自竒尚能淡志于勳猷而澹薄寧靜之士豈猶以大行易其素志藉非幽獨自知之內有迫之以不忍不然者君子必不為是皇皇也而君子之仕何為乎吾以為義在則然從來遺世之士毋自以為與人無所求然試思深山巖壑之中誰非臣子世緣可遺義必不

可遺也君子行其所不可遺者而轍踪無已常若有所求而不能得蓋以仕為時會之交得其時則駕否則湮沒無聞耳至語以義之不可觧則世運之汙隆皆其所不遑計者已抑從來忘情之人其心可以無所顧然試思戴高履深之下疇非君恩義不可忘情又何可忘也君子行其所不可忘者而載質彌殷常若有所戀而不能舍蓋以仕為遭逢之數得其遇則見否則絕足不出耳至念夫義之不敢安則遇合之通塞皆其所不遑恤者已是以用行舍藏出處之正而義在則不敢終言藏也樂行憂違時措之宜而義在則未嘗必于違也不然道之不行君子寧不知之而顧栖栖然貽譏於隱者乎

同考官某 下論

批

色蒼而神雋味淡而聲希講行義句只在君子欲仕一念上看出最為得解

君子 段

君子之仕 二句 一名 施鳳來

見義以仕行而仕誠重矣蓋君臣主義所從來矣君子心乎義而仕
取其字意
爲容已乎想子路述於丈人者曰人生在三之節不敦即生於天地
猶虛耳況世迭降而義常存屬于人者正當與吾人共維之何容逃
也且丈人亦知仕何爲乎仕以析圭擔爵已也辭榮者可矯也仕以
抒蘊曆抱已也獨善者可矯也夫君子非逌此也宇宙獨此名義爲
扶持雖式微之日綱常猶自稟上人心獨此分義爲真篤雖草莽之
其字
士忠愛豈能恝然但曰致主堯舜猶後也冠履之義踐其土而食其
意閒語帶
照其字意或謂爲似君臣之義二句非也
毛誰非臣子者悵然自放而不思靖共其於冠履謂何度非君子之

程墨續本前集 論 萬曆丁未會試

萬曆丁未會試

心所安也夫仕以行其不能安者也但曰匡扶宇宙猶小也天澤之義古為訓而約為誦誰能自遺棄者悍然不顧而驕語巖穴其于天澤若何度非君子之心所敢也夫仕以行其所不敢者也蓋世運之降替不可知而此義揭千古而不晦故雖舉世無邦而君子猶皇皇

錢云泥通之小不行

一遇以作山林從主之思蓋義切則中心若迫而熙明之代無論已遇合之窮通不可定而此義亦人所失而不能外故雖一念可將而君子濇惓惓遇卷以轉志士作賓之想蓋義大則隨人當明而泰交之際無論已蓋此身親生之君成之高天厚地並自難酬寧君可遺必而我必不敢忘君此義天制之性率之田野匹夫共有定分寧世

有難仕之時而我不可有廢義之旦夫丈人獨無義乎而以道不行
爲解哉

此題因下面有道之不行句所以君子之仕只決就欲仕一念議
曰其得解處在畧過事業用世而只以欲仕一念爲行義便合聖
人主意起比妙在呼喚中比妙在挑剔後比妙在跳發張侗初
此題有講做不仕無義者有講做君臣之義如之何其廢之者又
有講做仕以行義者此文方是君子之仕行其義也　張符九
仕字義字俱已見上文本題精神只在其字獨作者爲能寫出句
調雖時要不可廢陳騰鳳中股起云非謂平居抱負藉知遇以

藝田堂讀本前集　論語

見收夫抱負猶行義時之設施耳對股云非謂經世事功將借勢位以自樹夫事功猶行義後之表見耳與此文中股起句意同而語更圓。

君子之

施鳳來

君子之仕　二句

江南經學院□考　句容縣學四名　徐啓宗

君不以隱為高、義之所以由全也、夫君子將使人皆由義而顧令之義先失乎以知君子之不隱非特為人亦以自全也且天下事之無裨於人與有裨於人而無關於己者皆非聖賢之所急也夫誠有限一身之去就而即以聽一心之裁制此其事非特以濟一世矣絜身亂倫誠以廢義也則人可不務行義乎哉而然彼高蹈之士具有先幾之哲豈反昧天澤之防意以時不可為而不為吾自有義焉而特未奉教於君子固不知所為其義也同此覆載之寬何自絕人倫之內意以事不可為而强為其何所行焉然蓋早見正於君子當恍

然於其將有行也（用經義動）此亦可無疑於君子之仕也已（神遠）夫寧不思上有堯
舜下有臯由豈必以貧覲為不義之倡（隽句）然以觀古昔聖賢備於萬難（原批裁成）
措置之日而大建其經綸何行之如是汲汲也（輔相聖賢分內事）（宕筆顯）高卑陳而貴賤之義
不可易上下辨而事使之義不可逃盡如是其莫肯夙夜莫肯朝夕
也則是坐享夫昇平之盛並不妨釀亂於叔季之秋也君子其然耶
夫寧不思陳力不堪食力自足誅無以淵躬為不義之藪然亦念綱
賦畀正欲於策名委贄之日而克全其天職（說着）非行之故為皇皇也
義之甚嚴於天澤冠屨之象義之閑尤重夫元首股肱之分苟從曰
不容為貞不屑為潔也則是虛抱此官骸之職而實與夫心膂之司

也。君子其出耶。且人之宅心。求其安耳。故未仕者以為遠。而未嘗遠。親親長長之天下。宛在我前。而隱然未以為意。則於心有所義即有未全。若予惟遠乎我心之本然。而堂簾陛陛之嚴。悉皆經常不易之理而已。人之處世。惟其是耳。彼不仕者以為可而無一可也。何也。君君臣臣之大倫。盡人莫外。而顯然有所不前。則於義有所阻者。即於事無可行。君子務合乎理之當然。經綸治亂安危之時。不忘範圍曲成之用而已。故時而得志。則平章協和。義行於天下。而愛親敬長。不獨一人家室之微。即時而不得志。則盡倫盡制。義著於當躬。而樂行憂違。具見吾儒潛見之學。甚矣。君子非苟焉而仕者。

也○不然○是獨不知道之不可行○而栖皇道左○為不知已者詬厲哉○

重發義字○都似不仕無義話頭○欲說義之所以當行○又似如之何

其廢句○其病都緣泥說與攻擊丈人○不審題目界限耳○緊從君子

本位鈎勒○使題神逼現○遂覺喁啾百鳥○忽聆清聲○師洛

○○君子之志　二句

志道者欲其達而君子不可不成章矣夫道之必期乎也是之志也而惟成章者能之人亦觀流水而知道乎且夫人孰不欲一漸而至乎聖人之域而徃徃求一日之幾乎道而不得者非其志也不銳而進之不惟其漸也夫其積乎此者猶未極乎其盛而頓汲汲以求其速也豈可得也而不觀水之盈科而進耶夫道之必達也是圖君子之志也始焉而淺乎其流也既焉而進乎其源也而不覺流之于流流者是達之機也始焉而溯乎其源也既焉而及乎其委也而不覺浩乎其沛然者是達之勢也然而浩乎以為此

蔡[illegible]存請前

漸焉而不可以不知今夫學聖人者必有以入乎聖人之室而至
乃安然而弗能以遽入也夫人必積數年之學而造乎高明之域而
升乎泣大之堂蓋亦既積中而發外矣而由是而達焉夫乃入乎聖
人之室而無難也今夫學聖人者必有以具乎聖人之神
遂然而弗能以驟具也夫人必竟數年之力而因乎性之所
其體之一偏蓋亦既充實而光輝矣而由是而達焉夫乃具乎聖人
之體而無積也何也惟其成章也而苟或不然則亦安在其能達哉
上達之難也其弊每中于欲速意主于速則其于道也
止之夫于此也半而止之而于彼也又半而止之是終

之遂也而容所為流之于既溢者也故君子務緣此志
通之也上達之難也其弊每由于無實为無其實則其
外襲而取之夫于此也襲而取之而于彼也又襲而取之是終身無
實淺之境也而安所為浩乎其沛然者也故君子務禁其志之務而
真以積之也、而或乃欲一蹴而幾乎道也不亦惑乎

根柢確實文氣復有浩乎沛然之勢、是亦所謂流于既溢之
也

君子不以言舉人不以人廢言

崇文 高　瀾 荻浦

人與言各當其可君子不輕舉廢也夫舉人以言則已疎廢言以人則又隘君子不然其慎於舉廢哉且國家秉黜陟之權而取舍之衡以定無以崇實行則功用不彰無以集衆思則聰明未廣聖王在上有嚴以繩物之心而宥小不得倖進有寬以濟世之念而葑菲在所無遺故浮華退而嘉謨日進也君子亦垂敷奏之典而所重在人則爵以詔德祿以詔功事以詔能大廷之揚皆明試也故人有十等而政事不尚文辭之美君子特隆貴戚之卿而所取在言則士以獻詩瞽以獻典史以獻書小人之箴罔攸伏也故言

執兩端而愚賤可贊神聖之功顧人或以言舉矣聆其言之引經據典謂經濟即在陳書援耀何妨逾格舉而用之今日託諸空談安知他日不收其實效朝奏疏而夕拜官遑問其人然而議論之多也善諷詩者委蛇而無直節講周官者剛愎而誤蒼生敗於言而始悔汲引之失君子不若是之疏抑言或以舉人矣絕其人於居貧處賤謂游士好陳得失放臣發為文章廢而置之草野多其擬議何至朝廷反遐其經綸國監謗而鄉毀校遑恤其言然而里賤之棄也斥虞人之箴誰與補王闕疑與人之誦何以成霸功鄙其人而并恥芻蕘之詢君子不若是之隘非敢薄待斯人謂言皆

（良○否○不○必○洪○華○挺○異○常○寓○學○之○實）

君子不以言舉人不以人廢言（論語）　高瀾（荻浦）

不足信也。國家得百議政之臣，不如得一任事之臣。外人好辨，往往似忠而實詐，似才而實拙，似慷慨而實闊踈。彼夫聖德之頒時政之疏，自君子觀之，皆非公輔器也，而何容杞梓收之矣。非敢恢宏大度，謂人盡可用也。居官萬民之復逆，實可助六卿之阜成。名言偶獲，往往賢不如賤，智不如愚，賢不如不肖。彼夫孺子之歌，野老之談，自君子觀之，不曾師保資也，而何妨芻蕘求之矣。是故三德之選必嚴，在上自無類讒之比。一得之善並錄，存下亦無營剷之遺。斯其立心也，大而正。抑黜浮辭而崇實學，既絕其不肖之階；錄小善以覺大愚，可廣其自新之路。斯其用術也，嚴而寬。君子誠

西泠三院會課二刻　論語

用人聽言之準哉

胸羅全史不覺一時發出精思偉論咄咄逼人

義吐光芒詞成靡麗英思偉論洵足高議雲亭周芾堂

君子　高

君子不以紺緅飾紅紫不以為褻服

敷文　余鵾起雲巢

記聖人之正服色于飾與褻服見之焉夫紺緅紅紫色皆不正也（涓涓有生意）飾與褻服且不以況其他乎是可覩君子之正服色已且夫官有染人之職爾雅詳說色之條莫不有成文不亂者以供人之安且吉也自後世服奇志淫競尚姦色以耀耳目至純衣纁服之多不正者更無論也是特未奉教君子耳今夫君子非法不服則無不正之服豈復有不正之色哉五采之彰施各異黑黃蒼赤總以不雜者為純若由纁入紫為紺由紺入黑為緅則固介于赤黑之間（詞心大筆能獨見精切）也乃或指謂用紺類于齋用緅類于喪是以紺為元以緅為纁其

王刻兩[illegible]三[illegible]會課

說非也，而君子顧何以不為飾乎？曰：惟不正，故不觀。夫純以續純

（紅亦謂）以青，純以采者，飾必忌乎雜色哉！故不以飾領，而冠冕可知；不以

飾袖，而衣裳可知。詩曰：朱襮，朱繡，表聞飾以紺緅也，則飾豈可安

歟？雖致飾之亨，不過為外觀之耀，正唯其為外觀，而君子之守正。（守正是一篇骨子）（切正）

愈嚴。蓋四入而與朱異，既無離火之明；五入而與緇殊，又無天元

之象。曾秉禮之君子而服之，不褻那？吾黨特記之，以為盡飾者法。

也。曰：君子不以紺緅飾。五方之形象不同，南北東西總以無間者

為上。若丙辛合而為紅，丁壬合而為紫，則又在乎南北之中也。乃

或者謂一染即成紅，五素始易紫，是謂紅易而赤難，紫貴而朱賤

論語

其論又非也。而君子顧何以不為褻服乎。曰亦惟不正故不見人。衣之宜衣之好衣之薦者。服必斥乎間色哉。故燕居不以。則朝廷可知。私居不以。則祭祀可知。禮曰。衣正裳間。未聞褻服以紅紫也。是褻顧可忽歟。雖燕褻之時。不過為獨處之適。正惟其在獨處。而君子之辨正愈微。蓋按四時之分配。紅紫並無其方。原五德之代興。紅紫皆非所尚。曾居正之君子。而服之無數耶。吾黨持表之以為簡褻者戒也。曰紅紫不以為褻服。聖人之正服色有如此。

（精彩齊肖）

謹嚴中有精核處。文筆更雅潔圓暢。足徵學養功深。原評

君子不出　衆也　周禮

教之成也有自、知家國本無二理也、夫成教於國、必有所以成者、即孝弟慈觀之矣、予唯修其身於家已耳、還言治國哉、且夫大人之學修身為本、而齊家以後則以明而統新之量、即以學而兼教之事者也、故教及家人、見肅雝之作則、即教及國人、知惇睦之同原、苟不明其相因而至之故、雖日言率廸、亦何所恃以為化民成俗之準乎、教人之必本於齊家、君子審其故矣、君子豈不能進國人而訓誥之、第恐深宮有慚德、而責百姓以從王率我教者敬何也、唯是一室之中、奇御不過數人、參合斯世而大其尊親之義、則觀型之本立、壼君子非不欲就國人而誘掖之、第恐內行弗克敦、而望群黎以效順、誠矣

教者又或何也唯是一門之內周旋不過數輩已後一代而覩其奕
共之宜則錫極之源歎矣蓋君子不出家而成教於國斷ㄑ如也朕
其所以然者則何也天經地義之事無日不在人心原無上作而下
不應之理良彝物則之天恒此道自足千古亦無為此而不違彼之情
苟使天子惇明發崇孝讓勤翰謹事ㄑ可建極於天下而其國之人
詢以尊觀之大分而不知問以贊敬之至誼而不應則是家與國有
乘勞而成教若斯之難也豈理也哉君子之謂是祖宗父母不可褻也
家之中有孝也乃國之人相觀于聚順之風而萬姓所將胥此本天
本祖之感發則不出家而忠君之教成君子謂是諸父諸舅不可瀆
也家之中有弟也乃國之人相勸于友于之誼而纖服所效胥此克

恭克遜之儀焉，則不出家而共上之教處。君子謂是室家歸于勿相尤也。家之中有慈也，乃國之人相背于掛術之化，而鞠謀所及青出為惠為義之令出，則不出家而臨下之教處。何王不言經國，而未遑率教者興行不在皇爲也。有孝弟慈以修身，而天子敷倫四海如一姓焉。何代不言敷化，而難與觀成者歸操非由民志也。有尊君事長使衆以成教，而小民從欲，五典在宥族矣。此家國相因之理固然也。

家國相因之理，發諸知許閲切，而緊光壯矣，法以佐之。○下三句本不當竟貼君子身上，但四句題非上下聯絡，則結構不緊嚴密矣。且筆意縱逸，絶無呼喚處攸，固知作手為文于狗俗中又能免俗。

辭調近時，氣體自古。正如許入朧唐華，覺風格不同，迥出宋人之

君子未有不如此而蚤有譽於天下者也　周振泉

求譽之心反觀之而愈決也蓋驕心處之則制作不譽浮之過譽于何有乎許言固可徵已且王天下者端皇極而歟久大之業人所奉為盛舉者也豈知當日旅以致治者際乎其得不然之勢而殆以不容自己之心吾咏詩而窺君子之微情焉如此乎求諸于人已之間如此乎無間于天地鬼神先況挺而下修身之際君子實有其無惡無射者宜為後世遠近之所賴一振動未有不精神精乎其道也哉夫君子所以如此者非漫詐而君子所以有亦惟傳致也蓋其所成一代之典章立一王之規而天下

泓瀠沛然有洋溢之勢其為勢也順而易而方其殫一己之經綸
謹深咨詢出納則君子周詳縝密兢乎懍朽索之懼其為勢也逆
而難嘗此時而遽曰有譽于天下亦思天下之人如此其衆由有
高峰疊石
德有位之君子以下及于顓蒙韋素莫非吾之所宜兼綜而條貫
道天下之事如此其繁由大經大法之所係以下及于日用細微
莫非吾之所宜範圍而不過者無論自進其智自矜其意大拂乎
人心天命之理而天下將挾其是非得失之口以出而相衡即使
嚴益偶有未定調劑偶有未精猶集以副乎遐邇中外之情而天
下亦難泯其聰明血氣之私以俛而聽命雖赫聲濯靈有其柄

乎俗者不恭則刑賞號令固不能無所藉而自行雖開物成務
其機不應乎時者不善則遲際休明亦將有所絀而不振夫所
叢脞險所持愈危疎略之端開于上則釁惑之形成乎下矣
德貴無一可恃匹夫匹婦或能勝予茲民過不易寡而信從
之難也而君子之永終譽者固如此未有不如此而蚤有譽於天
下者也歷觀古之帝王其量周乎百世其教訖于四海太猷以小
心而臻上治是以堯舜業業湯武皇皇不敢怠于德性問學之修
而常惕厲于天人之際豈非不驕人善則哉
君家業峯又有華在鄉黨耶然舉修顧制而不留不如此有譽

多○少○歷○盤○乃○旅○得○此○語

漏痕。方丈軸

請君截筆為直幹。楊千頃

一氣運旋。如珠之走盤。丸之下坂。真𦙍、川、竇、嗣、也。徐兆修

君子之

中庸

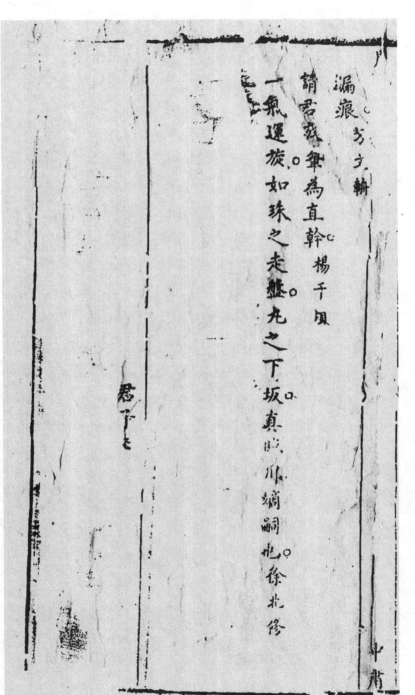

君子未有不如此　二句　戊寅　徐葆光

有決於譽之先者。君子亦惟恐其或驕矣。夫不如此而欲有譽是所驕矣。而豈知君子之譽。固未有不如此者哉。且夫居上而或出於驕者。彼固以為天下不深求。而其名之可以偶邀也。夫挾一偶邀之心。而又當夫深求之口。吾見其有靡然返耳。而獨不思君子之譽。豈盡有於天下者哉。人徒見夫衣冠瞻視。聳動徧於一時。循其習傳效法。垂於數世。遂以為君子之有譽於天下乎。舉踵思慕者。將奔走而偕來。就日瞻雲者。亦傾心而愛戴。遂以為君子之至有譽於天下乎。然而千萬民之謳歌歸往。而上以報朝廷美備之

使得迎神

中庸

修吾不謂堪予之仁夫君予固如此也乃正唯非偉而君子愈卑

然矣幾如此而民或罔應則反是以諷諫甚便我不如此耳而今

（撥法修實）（山折鳥未正如道妙）

遂奉我以感應之神不即陰締以使偉之望哉亦何嘗潛相

指摘曰爾亦幸而如此耳不然爾勿謂天下之可欺也然則君子

而不如此必無其矣積數十年之制作精微而下以致草野歌吟

之貫吾不謂天下之然夫負舉於天下之君子固如此也乃惟其

紀然而君子且愈危矣我奇舉而積浮其實則希幸漸開或猜集

其蚤有譽乎而今則不少媢我以虛稱之易不即隱告我以獎借

之難實且何曾再四躊躇曰今亦不得不為此舉耳不然吾豈甘

君子之觀美也然則君子而不如此亦大可知矣甚哉天下
刻於求君子也彼誠不堪夫作覿而謬奉以侈揚之美而虛存一
道之文君子不且報然愧哉然而媿亦有時不易得也誠能如
此天下固予之以無慚豈知不能如此而天下亦必予之以無慚
也乎今而知藉藉之稱求其轉增夙夜之羞者天下猶嶄而不輕
予有萬失而一得君子早無是想也甚哉君子之難於市天下也
名誠未免乎闇德而近者可飾以入貌而遠者可假以風聲天下
不幾或下愚哉然而民亦有時必不愚也誠能如此天下固報之
以甚明豈以人能如此而天下亦仍報之以甚明也乎今而知豈

畫之衆求成之心恐才弱術之朝者君子亦始願不及此矣久智而
忽愚天下乃無是理也未之有也君子兢兢在位方惟恐其不
載耳而何自而驕乎
此屬雋妙十年前風氣所尚外間諸名家亦或能之若其縱游
渾淪天下未之有也　儲六雅

君子以人治人 二句　　趙炳

治人者求其改不敢求多于人外也夫身固人之身道亦人之道也（注就叫処而入八字照注分析以淺）

（更不深故）治而改之又何多求焉且夫自然之與變更不相川之勢也而能兼

用之以正天下則相反而適以相成夫人重之給全乎為人而其後

不能無變也變其所變乃歸無變斯已矣并不知有君子焉處乎其

謂也若以柯伐柯猶謂其遠治人者冀其無並天之生人不能有性

情而無着欲世俗以人牧人日多其情以後稍身自遂其欲以終

惡塗不可謂之非人也然而去人遠矣君子教人知其有彝而即

（乃有根據）

天性故亦判兩人正人去其所異人本無異合其所同人乃自同亦

不可謂之非人也然而其人全矣故天下有生物無生器以物成器

此二句許意胡詩故宜

制之猶賢人之功而天下有器治物無器治人以人治人改之已

常士論廢

終君子之畫夫人一生之內得失存異殊焉得其人因稱之人既焉

宋人之理皆人之所闕

失其人而謂之人以其得者治其失則改其視聽乃得耳目改其言

動乃得口體雖甚不肖而此身猶在六貢皆得歸乎其身此外又何

多事焉夫人　身之內存亡各異存其形保父母之身亡其所以形

所謂善反之則天地之性存焉

棄天地之　從其心者治其存則因其多欲改而好道因其多畏改

而謂卻難復來愚而形體尚存此賢未嘗離乎其質此外又何多求

又從亂之善節多方只因

焉是以生人或智或愚人以為命君子不以為命也有弊之者人之

其有微欲十見之必綢其然而遂于矣

所謂有然即君子之所謂聖神人之所謂飲食即君子之所謂性情。于此而欲多用其神奇則器之適以損之有君子之樣不如無君子之安也道德或高或下不以為教君子不以為教也有因之者人性之所能君子不能教之獨挾人性之所不能君子不能教之獨巧于此而欲增加以聰明則謬之適以亂也從乎君子之名不如從乎人之實也形不習心不可謂形心不習性不可謂心故人而非人不可無咎有其氣者必備其理有其理者必備其用故人如其人終無可致一思慮焉盡之矣

以人治人語不苟特得要旨之筆妙繼而衍之亦不過以題還題。

此聽先生

得南華之指趣。明處先生本色文字而此尤切寔異于近日之混濛無着者。汪師根

清警刻露。代柯伐柯只是譬說中庸析之乃加以遠以人治人語妙即本之詩朱子析之乃有身與道之別其寔語氣正妙譬說以見不遠之旨暗藏在意故能肖題。我友吳君讀長文亦事非其所自見假彼之所餘乃可以補此之所缺乃人各為人本然者不言假之彼之枘彼者不能假之此也一有假焉則已非其人之分矣吾于如其人所自見者使各止其所而強以繩削者非其則

也事非其所同然方舉一端以給彼則必別求一端以予此乃人共此人此之所有不能矯爲彼之所無也彼之所非不能矯爲此之所是也一有矯焉而又非其人之理矣君子如其人所同然者使其反其本而倘思改錯者非其則也二股本分殊理一之旨疏剔入亭亦不減明遠先生筆意

君子以三 趙

君子而時中

張九葉

因時而用中君子之所獨也夫謂之君子宜無有不中矣而猶若恐其不中也隨時以處之中庸所以獨歸君子與且道之所貴者（緊）中而已矣然第言中而武偉合于偶然或膠滯于一定猶未能各（重○撥○君○）當其可也是故尤以時為大焉中庸何以獨歸君子也蓋以君子（予○照○註○有○德○一○層○）者所禀既純無所雜乎性生之始所習既正無所淆于物欲之乘（而○字○折○解○）夫豈有偏倚之為患也乎而不敢自安也而猶且自凜也最難衕（九○抉○出○所○以○因○時○之○故○照○註○中○無○定○體○二○句）者同處一境而陰分其淑慝形迹拘之而卒至為道義之害焉中（照○註○知○字○）不變而時則至變也君子早念之矣最易混者同為一事而兩托

考卷文衡　中庸

考卷文衡　中庸

其是非毫釐失之而卒至有千里之謬焉時至變而中亦至變也君子深念之矣故其存之于靜也覩聞未起之時隱然有至正之矩懸于心目之間其敬以直之也無間于須臾君子所以立中之體及其察之于動也隱微將著之時昭然有不易之則寓于錯雜之區其義以方之也常泯其疵隱君子所以裕中之用不先時而失之不後時而悔之出王游衍時時存一曰明曰旦之心故處經事而知宜遭變事而知權隨時而中其節焉惟君子之小心翼翼也時之未至無所迎時之已至無所強不顯無射時時存一亦臨亦保之思故言滿天下而無口過行滿天下而無怨惡無時而離

照注戒懼一層是時中寔學

詮不睹不聞本該隱微在內

點題照註無時不中

二比正

對下無忌憚

于道焉惟君子之終日乾乾也時各有其中而君子則常惺而不
回環盡致無時不中意透甚
昧故能以相時而動獨保其賦界之良中各有其時而君子則變
有操其原
動而不居故能以與時偕行曲全其性命之正遠符允執之傳而
推極其效
人道危微治以精一者如有天時之律內極中和之量而天地萬
物歸于位育者悉皆時措之宜此中庸所以屬諸君子也而無忌
憚者反是矣

中係主腦時乃妙用精理名言不支不漏只是善會註語無也
謬巧也　曹揩珊

君子成人之美　汪世琛

君子之所以成人者一自成焉而已夫君子固以美自成者也則其視人猶己而必欲成之固其心之不能自已者夫嘗思世有大人而與學校以造士則足以成天下之人材秉禮樂以宜民則足以成天下之風俗此美意之所以旁流也而不知其尋常酬應之中徐徐存與人為善之思時時有借人人德之想惟其然故世顧有君子焉君子視天地間更無可析可葉之事惟此道義之樂身入焉而覺其意味之無窮故嘗思分其樂以樂人而多為之逢以相對君子視性分內更無物我人己之分雖有形體之殊有善

爲而不竭心爲之愉快故嘗思公其樂以自樂而曲爲之計以利

掖則成人之美惟君子能之矣得于中者爲德美則德之未成者（從美字中領出）

（成字）也惟其未成故其身尚在可進可退之間而君子若有以扶之着

于外者爲功美則功之將成者也惟其將成故其心已有欣然動

然之意而君子若有以掖之于是乎有未事而啟導之〃法蓋人（成字贊疏發排宕有情）

性雖無所感而美意之含蓄者無窮一濟發焉而可成之機已具

于是乎有臨事而夾輔之〃法蓋人情苟無所助而美意之孤行

者可懼〃鼓舞焉而欲成之意乃堅于是乎有既事而申勉之〃

法蓋人心本自無常而美事之欲其成者無多一叮嚀焉而已哉

君子成人之美（論語）　吳韡

君子成人之美　吳韡

君子之所成獨異全天下以爲量也夫人不必皆美也而君子之所
成者獨在是異哉君子于天下天下實共類之丘夫有諸已必及于人者勢
也然其中有辨焉辨之于其人耳是故此人之情無不願天下之人
之與已同而獨有人焉以已之善及人而願天下之同至于善則惟
君子獨也今夫品類如此其不齊也賢奸貞佞之攢出如此其各別
也有始至于善者焉而入焉而輒棄矣有繼至于善者焉而未幾焉
而中阻矣或曰其質之殊也或曰其見異而遷也或曰其怠也亦不
知皆無以成之故至此惟君子于人之美也其誘之也勤其掖之也

廣其獎之也深其勸之也切誘之也勤使人知為善被之也廣使人
無或阻于善人方未知善之為美也而君子從而導之又從而慫容
指示之曰如此則可為聖人如此則可為賢人恐〻然惟懼其人之
○當○觀○先○後○次○序○
不志乎善也其誘之也不亦勤乎人初未力于美也而君子從而輔
之又從而多方翼進之曰善可以自我而為不善可以自我而去恐
恐然惟懼其人之不勉乎善也其被之也不亦廣乎抑獎之也深使
人樂于善勸之也切使人無或懈于善人既已至于美也而君子從
而賞之又從而咏歌嗟嘆之曰能有是〻足為良人矣能善是〻足
為賢人矣總〻然惟恐其不獲為善之利也其獎之也不亦深乎人

君子成人之美

河南徐學使月課
商丘縣學一名　宋韋金

有美而[illegible]其成，是在君子矣。夫君子有美者也，見人之美而有不使其成。

夫何幸而遇君子也。且夫人之克成其為君子，非以其美也（筆勢清峭）。歟哉，乃君子出而世于是乎遂無美，美至君子而止矣（雋句不讀）。然君子出而世于是乎遂有美，美賴君子而全矣。蓋君子之有美而自全者，或不必求助于人；而人之有美而弗全者，則不能無藉于君子也。何也？君子之自抱其美也，方期有人焉共底于成，一旦而觸乎其素有矣，不視如己之美乎？君子之有以自成也，方慮無人焉共有此美，一而終以所習為矣，有不立而待其成乎？故見人之美，即恐其弗成也苟至于成焉此中之快愜良殷矣見人之美即與其必々（一束頓起）也苟弗能成焉此中之悲憫實甚矣夫人之不能成其美也有故一美而自疑曰我有是々已善乎而遂不禁棄之如遺也而美者々也得一美而自喜曰我能是々已足矣而遂不覺暢然滿志也而美弗成也氣之已快者或得半而自安或厭背而輟止明知有至美在焉而不能邁往以相取也志之未定者偶見其一而若可守更聞々一而又可還雖使有至美在焉而弗能確立于不拔也而君子之成（單句轉）之也迎所疑而予之以可信以為爾不率則將自失其美能率則益光其美而無難矣有美者無庸疑矣秉其所喜而予之以可懼然

爲爾由我則能自保其美不由則入于不美而不知矣有美者勿
喜矣之鼓其氣而使之不怠于進則雖已怯者亦忽生其果毅奮
其力于美而無復有者矣爲之堅其志而使之不惑于異則
未定者亦必有以自立一其心于美而無復有敗之者矣而且愛
慕之一見其美而弗置而且維之持之急于相成而弗倦而且輔而
翼之使其有成而不孤而且保而全之不致以美而見惡此即本自
無美而一經君子之開導亦思有以自成而況其人已有美乎即
既已自成而一觀君子之鼓舞亦思益進于美而況其人有美
成乎甚矣君子之成之者大也使盡如是以相成也固

直省考卷篋中集

無惡矣而無如不皆君子何也○

意思僧發局陣排宕甚得許同安妙處經一鑽研先正大家

文方名一挌真若心斯藝者也○

君子成人 二句

歸安 沈橒

觀君子之所以及人者遠。如其自為而已。蓋有美而無惡者君子也。視人不啻已矣。成不成之關可想見其用心焉。若謂世有君子而斯人群樂為君子矣。且不敢不為君子矣。夫人之遇君子誠幸。而君子初非強而為之也。本諸性情之故。維持挽救於其閒。故不以為在人之得失。而直以為一心之欣慼。知乎此。而君子之所以待人者從可思矣。君子豈必汲汲焉自取斯人而代為謀。然而大道為公之懷。視人己不相隔也。待己厚。故其待人也不薄。君子又何嘗皇皇焉日進斯人而相為責。然而增美飾回之念。在人己無而心也。樂在此則其

（稜衣挽露其中心之所誠然）

（斬然而止）

所惡必在彼蓋於人之美也則成之而於人之惡則不成之矣望美

出落

以為趨業已無美之不備而君子之於美也顧有所甚慕焉乃忍有

名言確、可補

人挾美以校也其能無動乎戀戀斯世見美者恒少則君子屢其孤

造美者恒難則君子憂其息於焉即其素所閱歷者而委曲以相引

非好勞也不如是而此中有悒悒未快者矣稟惡以為惕業已無惡

之不去而君子之於惡也恒有所甚嚴焉乃忽有人將陷於惡也其

忍聽之乎戀戀斯世免過者何人君子既生其矜飾非者甚衆君子

後深其惧於焉即其素所被濯者而多方以相挽非絕人也不如是

而吾心有耿耿莫慰者矣然則卿曲薰善良之德姓名畏賢者之知

人之美固有求白於君子之心人之惡亦有深畏夫君子之意而君子并不計及此也美與惡一見而不可解於中故悦隙生於所同憂患深於所與但使引翼可施直皇然不遺餘力耳抑善以相形而見絀罪以哀矜而獲慘人之美或有不敢遽質諸君子之時之惡或有求諒於君子之日而君子反若不自知也美與惡一見而不能釋於懷故行之既立而君子不以為功咎之畢棄而君子不以為德但使補救可及即瞿然引為己事耳美惡無論大小而投之而輒應有矣於彝秉之先者也滅不成無論難易而過焉而不遺有積於寤寐之素者也君子之用心如此夫其所以為君子也而豈小人所可同日

而語哉。
極沉痛或酣豪句敲字琢不同凡響原評

君子哉　洗

君子成人之美

荊琢

觀所成於君子、美可知也、夫美之既成、則人之美也、而非君子不至此、此為君子之所成與、且天下孰為美乎成為君子為則美矣於人（聚徑別）（通拾）（上人辛）之中而獨成為君子焉尤美矣然使獨成為君子則於君子見美而人即未必其美也君子之於人若是其無關耶吾謂有君子而人不（淡宕有味）（頓起端）見美〻聚於君子也有君子而人始見美〻不私于君子也何者成（曲折而入）（人之美粘君子想入）之也人之欲為君子情也欲為君子方欲與君子媲美焉而未知若何而後為美即身有之而或未之知也夫有之而不知則將不復有（頓挫）之矣若曰吾何珍於是而必攘之而君子從而獎之曰此寔汝之美

也因而勸之曰此之為美良足珍也而人有不怡然樂乎則使人得

微焉之

自有其美者非君子乎人之命為君子又常也命為君子即疑君子

思湊逸之筆絕類忽蹟先生

無以加美為而不問何者為更美即其所可至而姑弗之問也夫可

至而弗問則終不復至之矣若曰吾何取於是而必羨之而君子隨

以誘之曰此尚未為至美也即以掖之曰此其至美者何弗取也而

人有不油然得乎則使人能益進於美者非君子乎而成於君子者

成字寫得足

亦遂真為君子也始為示之而知其美繼即不示之而有美畢收也

始為冀之而進於美繼即不冀之而有美畢臻也爾時固亦無賴君

妙絕

成字寫得大

子與而所賴於君子已久爾抑成於君子者亦復不異君子也美無

弗收又將以所知而啟人之知也美無弗臻又將以所進而翼人之
進也爾時人固不徒藉君子與而所藉於君子已多爾益美者人之
想見君子胸懷
美之終歸於人於成之者何有而自歛之不能已成人美者即成之
者之美之莫大乎是而成之者初非以見美而自惓之不自知是故
愈曲愈達
事非一事而苟為君子所成即可共信其為美人非一人而苟其美
對面有下句在
得遇君子亦可懸揣其必成君子之係於世豈偶然哉得見君子者
顛倒宕成妙義
斯可矣

靈機鼓舞筆無點塵　曹蘊真

全首如獨繭抽絲一綫到底真胸有智珠筆有轆轤　吳荊山

荆其章四書文　君子成人

精能之至。乃造平淡。試撿此篇。尚能增一義否。試撿此文。尚能損一字否。戴田有

誘掖奬勸。不惟得其理。兼得其神。汪武曹

君子成人之美

山東劉學使歲考　平陰縣學一名　畢漣

天下有君子而人之美多矣夫君子自成其美故於人之美不能置也成之而後見美者耳且天下物之美者輒患無以善其後而吾（原批如晴絲長空綠縷）以為是特無真見其美者也真見其美則固將以美為吾之美而必（際）覺天下之當可進於美而又恐美者之不自知其美究將無以全其美也而於是委曲焉以期其務進於美而於是鼓舞焉以使之益進於美則君子是已夫君子之砥礪於美也久矣當其於一事之今而（原批從容子自）欲全焉而未之能也縱無引我於前者猶將望古而興思曰古（來方香未領想路亦趣）不有引我於前者乎及其於一事美而究全焉而鮮有所加

勸戒於彼循循將躍然而振起曰〻之中不介勸我於後哉

則君子之自成其美也早已吝見未美之不可以不成者也故

美適與君子接也遇人之美益與人相親也不敢曰此美也胡而

原批乘乎不停

屬人之美也亦惟曰善矣也亦何論乎人之美也吾見君子之引之

於前也則其務進於美而已矣吾見君子之勸之於後也使之益進

於美而已矣夫人於其事之所當爲者往往明知其當爲而或沽有

將焉而後爲心甚緩而君子之望之者偏甚迫以爲彼於是事想

亦〻不爲者乎已而弗見其成也則又從而導以爲之〻樂使知

夫美之不可不爲而又有以輔翼其所爲必期其成也而後即其適

人於其事之所當為者。果能真見其當為而亦其從焉而無弗為
美之也。而君子之聞之也。益快甚以為彼於此事何竟為所當為
也乎。已而親見其人。則又從而賞其為之。難而勸以美之為不
勝為務。使之鼓勵於所為。必益有以成之也。而後即安。蓋其大公
心。直以天下為積美之區。而吾與人共取携焉。則雖有厚待斯人之
情。而樂乎祇見為當然。且其樂善之誠。直以美為天下之公。而非與
人有執學焉。故每有曲折相求之意。而斯人亦喻其深情乃合
引之者。引之於美也。引之於美。而固已那也。勸之者。勸之於美也
之於美。而固已盡也。若是者何也。以君子固有美而成之者也

明清科考墨卷集

文如清泉行白石間汯宕紆迴〻水相遭便淙〻可意〻
非終手可到○原批
飄〻落〻隨筆折到曲折匠心此逸才也○兩意到底亦有草法

君子成　畢

君子成人之美　戚藩

以虞爾爲心君子所以有餘美也夫人美成于難成即君子之美安

呂云君

預乎樂與人成之所爲衆美之歸耳今夫天之特命爲君子者非生

千古有成之奇妙

而已然也必有前乎吾者爲之藉焉是故君子不恃乎已而資乎人

及身扶引人才胥一世于修良之域則君子又不恃乎人而資乎已

呂云曲

暗起小人

此何也人有美而畧于不見美之地焉美固無如何也幸而獲知已

折又緩議平

又姑置之許可之列猶之抑美之事也人有美而納于獨見美之量

加美亦無如何也幸而遇同心又徙樹我鼓氣之援猶之恢美之私

呂云用考上章法而橫

也君子于人之美也必誠道之必明廸之必厚期之必懇與之誠道

呂云宗之說出許多成美之法

之所以發其末形之才明廸之所以絕其他惑之蒨也從來孝子忠
臣豈盡遭其所必遂不過一二大賢相與諷論而贊說之而其人乃

呂云下句俱淂起之分湧出妙　四晉分

竟成為性之不可易即由是而兩疑之歸于一信者亦多矣厚期之

作兩比反化之妙非老手不能

所以砥其漸進之能懋與之所以勉其節致之功也從來端人秀士
豈盡出其所夙優不過當世名流相與激揚而矜貴之而其人亦遂
成為命之不可移即由是而小疵之底于大醇者無窮矣是故人或

呂云議論激昂郎熟于史傳之言

淆于俗流之熱毀而君子每力獲之以正其名豈敢同與世殊好亦

呂云蛇陣動不入狀妙在無痕

呂云東漢諸君論贊

以人之美有群附而敗之有孤賞而成之也所以膠膠容有不養之
士而君子斷無偶棄之賢人或沒于一時之推許而君子復久持之

以存其是眞蔽同淺事論定亦以人之美有急于循覈而收之有詳于考定而成之也所以朝廷未盡器使之權而君子自有蓄藏之則（總歸重君子身上）若此者與人同其美我旣示之以無私與天修其美我殆假之以造物也又安有惡之不良而絕人爲哉

成字中直發出如許議論非淹貫于東漢兩宋人物言行者不能道也此半邊處題也并君子尚有下句在入時腕美字取惡字君子取小人先有一番通套海法以爲取下文盡此醜態矣矜他旁頭突做而下文兩層無不透露豈不更好耶遂臭者可以知返矣

呂晚村

君子成人之美　丙申　高沙　陸燦

辨君子所成得成人之正者也夫人亦幸而遇君子耳美不自成
有成之者天下何可一日無君子哉蓋大道為公之世天下人皆君
子也人盡君子人亦具以君子之道待人也三代之英有志未逮于
是人與人各分其氣類各別其心術而君子乃獨為功于天下今夫
千百之人良楛互見其待成于一二人者何限所不可必者忠學之
思澹與其激揚之權相剖也則有美而不克成于成者可惜也循名
之人撥庶雜處其受成于材智之人抑受成于才德之人者何限一
不可知者磨礲之雅覆與其塞脩之必相符也則有成而不必于其

鐵湘靈稿　下論　翻選樓

美者可虞也。君子何如乎。君子固汲汲乎盡人而成之而不能汲〻乎盡人而成之。而成之必乎其人之美焉。君子惟其心之至公耳。公故人無不納之美矣。美者已定之質也。而當其未定之時。沮壞〻也。有力而登進之也。亦有力。不于美乎成之將于不必美乎而成〻。成之猶是也。而人才之遺落者多矣。君子則有所善用吾成焉。君子惟其心之至明耳。明故人無不辨之美矣。美者未然之譽也。而當其將然之會。一人從旁撓之甚易。一人從旁助之甚難。不于美乎成〻。將[illegible]乎。不美乎成之成之猶是也。而交臂之相左者遠矣。君子則[illegible]者成豈一時之美。一時成之後時非所計也。夫君子豈不欲藉淺而試之而特以美之遇哉有幸有不幸焉未雕之玉良工對之咨嗟則賞鑒從此始矣故君子甚重乎此一時也即曰一時之詩落特或補之而拔諸君子扶進人才之心則已垂一事之美一事成之他事非所屬也夫君子豈不欲并他事而慮之而特以吾之遇美亦有幸有不幸焉精良之器大匠假之以斧斤而苦窳不能病矣故君子甚至乎此一事也即曰一事之緣他事或救之而銜諸君子燈沒人倫之患則已遂以其人之美還之其人人無抑美焉此至正之理也因其人之美益有進乎其人人有全美焉亦不他施之術也然小人反是矣

箋湘堂稿　下論　君子成

作一節文讀不得作一句文讀不可〇自記

調運齋

君子成人之美 二句

賈國維

觀君子成不成之心，皆所以成天下者也。夫人有美惡，與君子無與，而君子欲其皆進於美也。成不成之關，不可以知其心哉？且吾覩天地生才，其含美惡而並生者，勢也；而含美惡而兼成者，心也。美者不欲其安於所未成，惡者不欲其安於所已成，此以大公無私之意，無不收萬物而歸之覆載之中，此所以含弘光大，咸樂其在宥也。蓋此苟其惟君子乎。夫君子一生，其居心也公，以正其克私也嚴，以盡則所以行美去惡者不待言矣。若夫人之美人之惡，曾何與於君子者

諸作○提○銳○拔

而吾見人有美焉，若不寧與君子相迎而必欲盡全其美而後已。吾

見人有惡焉若不肯與君子相絕而亟欲盡化其惡以同入於善而後已此豈無說哉蓋君子非生而皆美者也其始必有人焉鼓勵之

二比特衍

倡導之而後忠孝貞廉乃見爲性之不可易君子視人猶己亦有美必借人之成之而謂人之美遂能已乎君子非生而無惡者也其始亦有人焉阻抑而匡直之而後抉瑕棄疵如出其性之新夙優君子視人猶己〻有惡亦恃人之不成之而謂人之惡遂能已乎且夫人

下筆如刀請鋒欲割

有美而苦於無成者疑與急均疑者必爲分之來棄乎此而急者即至乎此而又誘於半途者也吾爲之開其疑而轉其急使知古昔聖賢不過一念之精進而忠臣孝子未嘗絕人以必往之途將疑者亦

懼於心而惡者亦奮於力矣則君子於此有微權矣且夫人有惡而
不幸速成者誤與惑均誤者失於辨之不得其真而惑者即得其真
又不免於見異思遷也吾為之啟真誤而開其惑使知去昔愈人不
過一日之迷途而回遁奸邪邪世無可擬之路則誤者悔其既往而
惑者久繫於將來矣則君子於此有深心矣
假令君子於美則成而
於惡則聽則人難有向善之心而其改過也不力惟是明慎其為善
豈講有力
之樂陰動其不善之恥則以不成者漸其所以成而無在非君子激
而勵之扶而進之之術
假令君子於惡則不成而於美則棄則人灘
無即惡之念而其向善也亦不勇惟是外絕其他徙之途陰衆於必

二曾太史合稿　論語　刘子戚

君子成人之美　二句（論語）　賈國維

二酉太史合稿　　論語　　劉子羙

趨之的則以所成者辨其新不成而無在非君子遠而避之氣局健之厶心一是故在上則膠庠無不育之英而在下則閭里亦無偶棄之不肖人心競奮風俗歲遷比天下所以均被其曲成而不自知也若小人豈有是哉

玲瓏映發清慧不窮　劉大山

夜聽疏々聚々曉看整々復斜々胸有心靈源筆無定態但見其曲折赴題所向如意耳　胥巖

君予成

君子亦有惡乎子曰有惡　　科試花旅　學一等三名　王

即惡以觀君子惡人直揭其有焉夫人孰無惡然獨不云子之
惡乎子貢問焉宜夫子直以有示之也且自同流俗者動托於忠
厚長者之名而世風之不古日甚此亦吾道之憂也惟賢者懲澆
漓之習欲嚴夫涇渭之分而聖人準乎奪之權顯示以性情之正為全篇立局
一問一答間知聖與賢固不徒惡惡欲惡已也想在子貢嘗用力
於省察克治之途而欲以其情推之斯世也以為愛惡者人情所
同具胞與為量以必斤斤焉挾訐刻以相規從亦不可以已乎其
未免多事也頗多事亦豈得已哉以今日之情態各耳目見聞

試牘

之際有未可淡然相遭者俗流敗壞既不能以溯遂太古之風
世事紛更又安忍以謹厚類鄉愿之習意君子亦猶是人情耳雖
坦易居心不欲以已甚鄰於谿刻而治躬必無戾忠者鑑物豈必
忘情當其事至物來情以義斷以學者之宅衷進而窺夫有道君
子豈別有所以為君子者無容弁色之說或非他人所得而借歟
順乎物徙下藏 體認乎守
夫是以心知君子之有惡也而姑婉其詞以相質曰君子亦有惡
乎而往夫子既 長俗夫鑑空衡平之體而可以其情情之斯世
也以為好惡不言而同然天地為心猶必鰓鰓焉畏 之太
甚是豈不足以風乎而亦免過矯也夫過矯則何可訓哉 今日

之情偽百出背理拂經之事有不會顯然相迫者也
公三代之直道不容民彰癉具轉移之妙天地之正氣下留在
秉三正不諱言薄道可雖樂愷為懷不欲以絕物隘其含宏而世
路不能有順而不違者即人心不能有是而無非則當其感而遂
通因物以付而聖人之用心不異於衆人君子固別無所為君子
者姑息養奸之患早為天下而絕其萌矣夫是以因子貢欲知君
緒之妥上下
體認有字
子之惡也而直揭其意以相示曰有惡進觀所惡之實而聖賢之
為世道人心計至深遠也

立局老潔妙不着支詞剩語廻互處亦見法律精嚴

試牘

君子亦有　一節　栗元

己卯浙江　廿四名

賢者詢用情于君子亞人仲公悪于天下焉夫子貢以有悪問君子知君子之善用其情也夫子歷指之非天下之公悪哉嘗謂惟仁人能悪人此必有深閔天下之故而聖賢之憂患存焉流言傷而辨刻薄傷醇厚之風行僻而堅剛愎實道義之害聖人舉數典湔根而欲大為之防一自賢者之問發之而嫉悪之大義乃昭然若揭矣晋子貢之以亦有悪問也豈非見君子之必有悪哉吾儕存忠厚之心豈必過為已甚然苟有大傷乎忠厚者又烏得不峻為防維而萋斐著其詩天山演其卦深情可會或堪補魯史誅意

清○光○藻○利○九○門○潤

明○快

精○理○快

灝○氣○而○行

之條大雅其中和之德豈必漫事苛求然苟有大失于中和者又烏得不深為糾切而氷霜凛其氣斧鉞振其威懲惡可尋何妨務少正聞人之律蓋公惡之理自在人心而用惡之準斷歸君子于自有惡而其惡可懲之數矣宇宙敦龐之氣必因習尚之渾厚而落紙有然成夫子之作春秋也為尊者諱為賢者諱褒貶所以正其趨而稱人之惡者仁厚之意無有矣居下流而訕上者忠敬之心何在矣喜談人過者但心非安讓乎當寧正腹誹奸險怪誕之徒君子甚縷紙纖悉深絕之矣若夫國家雍穆之休端賴人心之和順而讒夫訐之戒及門也好勇者亂好剛者狂學問所以通其蔽而勇而無禮者恃氣以

凌
凌
滯

式
險

凌人矣果敢而窒亦無知而妄作矣既鮮節文遂為武斷已成滯
滯豈複通方圓鑿圓滯之輩君子其重病之矣且此數者之可惡
其貽害于性情學術之間者豈淺鮮哉名教之森嚴必統彝倫以
兢兢而言動有經乃淺薄者多浮儇巧寔濟其天則桀驁者自用
神明悉錮于拘墟奢執一見以交馳而或則昆陰或則昆陽皆足
為敗我彝常之羅首聖人以明審嚴之而口誅筆伐即以正天下
之性情匪彝之戀覲必借一世以陶成而檢閑不踰彼勝口說而
肆誇戰寔開清議之端任血氣而滯心思即為黨援之漸各執一
是以互競而或則失人或則失己皆由于無所忌憚而樂惟聖人

墨卷懸心集　君子亦　栗

以剛斷點之而糾繆繩愆藉以正衛人之學術夫子告子貢以此
不亦詳且盡哉蓋亦不得已而用愿聖賢之憂患存焉矣不更可
識子貢發問之意耶

豁達者其氣務鍊者其詞說到性情學術由之以正洵爲得旨
杜起元

愿字是聖人憂患之心文寫得詞嚴義正精理灝氣相輔而行
是何意態雄且傑　廖古檀

金鐘大鏞在東序冰壺玉鑑懸清秋　廖承蒼

君子亦有惡　全　　周鍾

聖賢厚待天下故惡惡獨嚴也蓋望天下以君子故惡天下為小人聖
賢用惡不同其心一而已矣嘗觀聖學衰世有二道焉見于政治為刑賞
本之心術為好惡好惡者刑賞之原善善者疾惡之本其用不同而要
歸于忠恕仁天下之心則一也夫子進不得在位以刑賞治天下至好
一篇主意
惡之事嘗與二三子共明之子貢以有惡為問其有衰世之憂亟夫為
論最精闢
小人不嚴無以進人于君子之路蓋有始于一人流為風俗而禍貽數
世其端不可不謹也雖小人不早并無以開小人悔悟之門人有一念
偶差成為學術而害及天下其明不可不遏也夫子有憂之乃嚴嚴然

周介生稿　　下論

明其惡與天下而告之矣。則有好辯人惡者、居下而訕上者、好勇而違禮者、果敢而多窒者。以居心。則傷厚。以處上。則不謙。以處世。則不順。夫亂所由階也。夫君子過則歸己。善則讓。讓其慮善而動也。以禮此讓盡自處于長厚退讓。如此其至也。誠以修正身。即然以此正天下而憲章有餘薄之徒出焉。斯懼之矣。懼之深。懸之妄作不至。乃世道之下也物情之變也。更有即是數者。隱其所為文之美飾。而予責之惡。用是益際矣。則有徼而以為智、不孫而以為勇、訕上行私、訐而以為直者。以巧掩其奸。以名飾其行。以必人所自樹于君子。人心所向懷也。夫君子明必用惡。剛必用柔。其開人之過也。諫尊歸觀。蓋居心以正大和平。如斯其其慎也。既以此自待，即欲以此待天下，而不幸有機變之人出焉，捭闔之矣。閔之甚惡之，姦於不赦，故由夫子所惡而觀，則兵滲人犯上必逆君父之倫，而剛戾婞直，終貽百姓之憂，長人失所以鎮亂賊而素彝所以繩四凶也。其法嚴而道大，由子貢所惡傳網，則知飾非護過，有恃逃王者之法，而行僞言辟，終無能免聖人之誅。是太公所以戮華士，而夫子所以討闡人也。其愛深而慮隱，要之聖賢何心哉？逆天下之講而歸于厚，禁天下之邪而歸于正，使人皆爲君子，不爲小人。斯大道之行，樂與人爲善之極思也。故曰聖賢好惡皆仁天下之心也。

挽之通篇大意

聖賢之惡惡極嚴，從惡惡之中推出聖賢仁天下之心，識論高人百倍

○○○君子亦有惡　一節

吳江縣學附學本學一名　周龍藻

有顯悖乎理者君子之所懲也夫惡非君子之得已也而人之顯悖乎理者則不能不出于惡焉宜夫子以是告子貢歟且君子以身入世甚無樂乎以其所惡者示人也乃古風不作而澆薄輕肆之流紛然于天下君子力維持于其間而不得始不得已存其是非之正以與天下共懲之故古今惡之公者莫如君子何則謹言者君子之常也言之誕而形為譏訐積為誹謗則入心自失其平矣巽行者亦君子之恒也行之侈而厲氣可矜師心可信則世道漸成其患矣子貢以君子之惡為問而夫子直以有惡告之蓋交友者藹可獎惡不可

揚葷上者。入可爭也。不可議而且負[illegible]很之氣者。範於也則中無所[illegible]

綦而且挾有為之才者。狷於義則外無所迷。使令之世而上若是

雖謂君子無所惡可也。乃有論訕之怨生。而稱人惡者多也。誘張

之風盛而訕上者至。出自下流也。相戕之識作。用壯之減微。而勇者

果敢者。且矯意直行而莫之禁也。之四者有發於一時者。弊既不然（各發新發）

以勝毀名。復不足以維分遣。謫者既質亂於前。堅僻者復逞志於後

此而不惡。則天下之人將遂訴上焉。舉世共習為常而不知其已甚

也。有成於一人者。始帶萋菲。下及乎友朋。繼且怨誹上加。予若又始

猶陰軼於矩矱。以便其凌[illegible]。繼且顯悖於名義。以恣其跡。由而[illegible]

惡関天下之人將遂詡詡焉終身樂為其事而一知其一身世之以君子生平位處於下亦必本清議以斥其非位處於上則必奉大法以懲其失事在百世以前則必洛嗟惆歎而垂為鑒戒事在百世以後則必深切著明而預為防維誠惡之也

局陣緊而變是慶曆墨義中獨絕奇絕文字　慎思

意議層發殊有山重水複柳暗花明之致若阡陌條暢一覽撤竟豈復足供遊賞

第十六冊 卷四十七

君子有三畏　之言

君子知性盡所當畏以事天焉。蓋天命之性具于心、而盡性者大人聖人也、有三畏則心存而性盡、所以成其為君子、嘗謂率性之功必原其始、戒懼之學必統其全、立品在存心、斯舉念皆天理（陳公云節潔）賦畀之初純乎天道、然之澤合乎六體乾惕厲、以探天道之功之原、嚴靜存□□之道、唯欲稍寬假而不得矣、今夫居易以陟降（黃公云筆□□□九□□）而通行法而師、可質人以為優游泮奐、惟君子耳、亦知可畏不（陳□□有是音言本音）怵實慊□□□嚴□□憂□懼□歷憂懼而泰所畏固有□其要者（萬公云不□□有是二意畏字）君心之□□□□所□□則震動在幽□□□□在

亭

萬公云筆□培審確

高明吾鄉之也于亦自危則謹凜而法

則在中二李子漫附見而徒自蹈蹐哉思生人不于天夫

爲公云時羲會子

作于上而何畏下之君作之師諄諄然命之乎夫亦惟是性恬

公云此　朱諸所未備

陳云古氣磅礴宗見斧鑿痕

為栽培是篤秉彝服于協攸司由是宗子家胄顧諟以敬首

出猶彝奉若以垂教無非萬幾矢兢業之衷謨發危微之旨維

公云玲

天之命大人聖人之所畏者矧位非大人德非聖人其敢隕越乎

玩周密恰好倒出有字圖說之極

則欽承大人佩服聖言其敢悠忽乎此三畏為君子所必有者也

陳云畏字洞見本原　萬公云

稟氣獨從理能惺惺其有覺濬有覺之靈夙與天心右接未敢曰

大人聖言自然歸併　命理

命自我立也二五妙合代天工者不恃勢立而匪懈共宣帝

者不泥迹象而明徵義蘊儀型今古一乾道之變化所爾須臾之
陳云語只有[illegible]惟見地高耳
可離之經求無負降衷佑民之顯道自絕戲豫之端迴優入自然
嚴憚偏呈其暇豫從心而其矩不踰諒非淺人之所及見受生獨
養性能鼓舞其清明彈清明之志恍然天德渾原未敢曰盡人合
天也靈秀所鍾任天職者秉承于照女之無貳天心共薪[illegible]于
玉女之有三[illegible]之治[illegible]一生成之人義焉爾藐躬無可辭之責務
[illegible]公云[illegible]
[illegible]劉長民[illegible]之心期爾切冰淵之鑑惟畢生惕若警[illegible]是[illegible]
精神如[illegible]作[illegible]境[illegible]子之所自知蓋君子主[illegible]
陳云此意尤精
生而儼[illegible]赫[illegible]弗違則為下[illegible]
小亭

慾儼若所　人之訓若慎重恪由畏起而尤常畏聖人
皆範圍之生　儼然若明聽視尊嚴佩服戰勝謹獨所以為命
之基畏天命言大人畏聖人之言此三畏惟君子知之故惟君子
有之至所論於小人哉

萬老夫子評

識解高人一等乃爾圓活精融洵無滯之美云

以天命鎔化大人聖言人亦解道難存窮原竟委氣力雄厚局
度蒼嚴戛戛乎陳言之務去淘沙見金要在治百冰矣陳宏緒

○○○畏天命畏　三句

應指君子之所畏亦人人所當畏者而已蓋天命人所同受而大人聖言皆承天之命以治人者也而畏之者獨在君子此君子之所以能自治與嘗思人生亦何在而得自恣也○上帝臨之大人治之○而千古以○上之聖人○垂訓以約束之○其此三者○而人之一身于是乎動而有制甚不容泰然以自適矣○而胡以有三畏者獨君子也○三畏維何其一在天命○天之命人也○即此知能易簡之撰○氣數吉凶之說不與焉○故其源愈遠而其道彌近則不容以俄頃忽也○人之受命于天也○即此飲食作息之常○而明威視聽之寄不

（潤湖云○老致）（包有下文在裏）（直起截上）（注云○實○能○道○其○所○以○然○不○涉○一○字○影響）

達焉故其理彌精而其事彌顯〻則不容以跬步越也君子審此
至慤故（澗翔云東得勁）君子凜此至嚴也（汪云甫台草若下猶闇生面）凡夫天之愛人亦甚矣陰騭下民相協
厥居而不能徒以天事治也為之樹后王君公（汪云湛然經術曾子固之文）承以大夫師長而
又使殊絕之資先覺之聖生于其間示之言語文章以為教于天
下萬世若此者所謂大人也所謂聖人之言也是皆所謂天命也
令夫人承父兄之命而立之保傅猶相與欽崇而服事之況大（澗翔）君
（云愛云不頌）者天之宗子其大臣宗子之家相也而敢于褻視之乎令夫人奉
一先生之言而傳之儕輩猶相與謹遵而恪守之況乎聖人者擬
之天而後言議之而後動則是彝是訓帝之訓也而敢于易視之乎

是以君子于此不倍之義匪止于懷刑服膺之勤不盡于誦讀誠閎相云堅光遠響
畏之也故君子之三畏也又一在大人一在聖人之言也此無他淵淵云又老致
唯其知之是以畏之也不然其不為小人之歸者幾何哉
本領深厚發為高文金鐘大鏞在東序冰壺玉衡懸清秋近人
久不見三代法物宜其掉臂不顧也　汪武曹
知此文字雖震川何以復過然反覆玩味正復淺顯質直了不
異人意不識主司何故置之　若霖
此癸酉遺卷房考寥寥數語批氣未清三字置之嗟乎彼之所
謂鈞天帝居縣可見矣安得不視此為溷廁也　自記

畏天命畏　三句　歷張作楠育

歷指君子之所畏、亦人之所當畏者而已、蓋天命人所同受而大人聖言皆承天之命以治人者也、而畏之者獨在君子、此君子之所以能自治與睿思。人生亦何在。而得自恣也。〇直起截上〇上帝臨之。大人治之。而千古以上之聖人垂訓以約束之〇氣有下文在束具此三者而人之一身于是乎動而有制甚不容恭然以自適矣〇而胡以有三畏者獨君子淵翔天心豈致也〇三畏維何其一在天命〇天之命人也〇即此知能易簡之〇撰而氣〇亢〇六〇實〇能〇消〇其〇所〇以〇然〇不〇涉〇一〇字〇彩〇響〇數吉凶之說不與焉〇故其源愈泰而其道彌近〇〇則不容以俄頃忽也〇人之〇一命于天也〇即此飲食作息之常〇而明威視聽之寄不

凛焉故其抑亞補而其事彌顯則不容以跬步越也君子審此
（淵翔云未竹動）（沃云用古筆寫下獨開生面）
至愚故君子畏此至嚴也且夫天之愛人亦甚矣陰騭下民相協
厥居而不能徒以天事治也為之樹后王君公承以大夫師長而
（沃云淵然經術會子固之文）
又使聰絕之資先覺之聖生于其間示之言語文章以為教于天
下萬世若此者所謂大人也所謂聖人之言也是皆所謂天命也
（淵翔）
今夫人苟知天之命者不徒傳猶相與欽崇而服事之況大君
（云密言不纖）
者天之崇予其大臣崇予之家相也而敢于褻視之乎今夫人奉
先生之言而傳之齊冀猶相與謹遵而恪守之況乎聖人者擬
之而後言議之而後動則是彝是訓帝之訓也而敢于易忽之乎

是以君子于此不啻之義匪止于懍刑服膺之勤不盡于〻積誠

畏之也故君子之三畏也又一在大人一在聖人之言也此無他

唯其知之是以畏之也不然其不為小人之歸者幾何哉

本領深厚發為高文金鐘大鏞在東序冰壺玉衡懸清秋近人

少不見三代法物宜其薄臂不頓也 汪載書

如此文字雖震川何以復過然反覆玩味正復淺顯質直了不

異人意不識主司何以置之 若森

原卷房考慕點數語配氣亦清三字置之嵩予彼之所

緣何見矣實得不襯此為溷廁也 自記

下論 劉文蓮

君子有三畏畏天命畏大人畏聖人之言　王欽

君子有三畏畏天命畏大人畏聖人之言　十四名王欽
三畏備聖學之全以深識行其篤志也蓋天所付為命而大人聖
言各載天命之理者也君子存此三畏聖學其全矣乎且人惟炯
然不昧之志足以動其怵然為戒之神而奉若欽其道尊王懍其
義監古取其精覈情此一意之凝承與為貞法而並之深觀而默
計其理之昭著於俯仰間者恍追懸於心目之際而無容忽視聽
今夫君子學鏡天人者也而亦念其有皇然畏者乎藐躬中處而
爾庭爾室有赫然炯之者昭布森列若或有見也則夫体此意以
日為糾虔而臨我為明王詔我如師保要與欽崇之念慮以相鄉

嗣衷自微而寔爲漢臣有言提其耳者語言聲臭若或有聞也則
夫亦兢慎以時深怵惕而拜揚無殊賡對偶服不啻神明總積銖
若之精神而畢貫蓋君子思形性所由來全受全歸之不易因念
古今之大備惟時憲典之不遺其畏有三一在天命矣上天之靈
藐無時不凛以待陟刻墉而齋肅從矣故舉世尊其象君子凛其
神呼吸可通天聽從後恒見天心修之吉而悖之凶儼乎如奉一
王之黜陟天命之流行無微不顯以徹叩加求而旁皇蹴矣故舉
世求明於幽君子求幽於明修身為立命之基盡性為至命之事
誨之諄而聽非藐凜乎如接帝世之危微且夫天監篤生則君師

君子有三畏畏天命畏大人畏聖人之言　王欽

着作命爲先覺則撥亂熙隆煌煌乎憲天而時行者其大人乎大
君之慶賞刑威皆皇矣之聲靈所默寄其赫濯而繼天有苟出之
義即馭天占乾道之御畏之者以身受治而愚賤妄於不倫讀皇
王用吉之朝章依然凜上帝明威之顯命矣洋洋乎開天而明道
者其聖言乎前哲之圖書琬琰皆性命之精蘊所爍著其英華而
一畫洩先天之秘即至教皆奉天之時畏之者以身受範而服從
遏於蓍蔡闡微言而爲先聖功臣依然顧明命而爲維皇肖子矣
此三者君子所爲交警於中而未嘗稍懈者也彼藐窅冥之說人
情以爲遠君子以爲近在左在右威嚴不違於咫尺即帝布不列

魁卷

易四房

魁卷

王通此性自盟學開曩訓書歸簡策墜古昔森芳型炯炯之靈若

日陟降於陰騭之帝庭而親承謦欬亘明出入之地天固與人通

人亦與天通無忝䀝灕消息直開乎志氣而寡過慄時王之制近

法即以遠宗遺編續道統之傳章數即為治術栗栗之衷若日臨

視於監覩之有赫而面奉提撕此三畏帏君子有也若不知畏者

其狎侮之由來乎。

易中房

君子有三畏　一節

壬申會試　王溥

詳君子主敬之學識精者常惺也夫三畏皆君子所以主敬也天
命與大人聖言惟識之精故畏之至乎嘗思天人之際盡人有不（虚○接○上○下）
可漸之功也要必視其神明所存以默為操而儼為搆蓋神攝于（奕○洪○氣○曲○鉛）
淵微斯道凝于本始而無以樹之範則天則不立莫為示之型則
性真不著故夫理之所存資神之所注而君子敬德之聚于此見（按○切）
端焉今夫君子以卓識飭其小心以小心成其大德者也情以動
而易紛惟君子有以戢之想其乾惕中含眞有形聲之可按而課（潜○心○照○密）
深心于藏密默默自喻方寸之悚仄維嚴神以馳而易渙惟君子

有以凝之當夫齋肅常凛原無定數之可稽而約全神于數端歷歷不謬幽獨之糾虔最密以言所畏蓋有三焉一曰畏天命溯胥華于付畀人實本天以生而想赫奕之鑒觀天實與人為體君子

兹八下二句尚

無褻無斁而靜存天心必敬必誠而動循天則以對君相以質

為析的于德性眼而下亦見精義

聖賢坦如也獨是命普于同者相協之常經而命鍾于獨者眷顧之果數大人者天命之為萬物覩也以近天子之光以寡庶民之通畏之所為赫而對者此其一命有默為運者於穆司其權而命

高挹要言

有托以宜者前聖闡其奧聖人之言天命之為百世師也宗其道而心傳守其法而業亦畏之所為恪而承者此其一蓋是者洵亦

于畏之先者焉而非作而致也有周于畏之後者焉而非虛以償也使素無臨淵集木之思而觸于境而後動則雜而不純夫君子之畏固不緣所畏起耳戒慎恐懼然存于聞寂之頃而三者乃有（靈氣往來真力彌）（滿）以發之不必天渝奔怒而詔事在旦明亦不待與居與稍而祗承在夙夜見聞未接志氣已通此其間固不關迹像也則畏之所結者微也使第躡履尾衣袽之戒而抱此志以空遊則浮而不切夫君子之畏正不以畏畢耳率循踐履常凜夫顛越之憂而三者時（意必鉤元）有以策之明威伊邇而遵路者非止儀文常謂可通而服古者非（探理與而神臨沛詞源而巧濡）徒呫嗶承以虛心赴以厚力此其事固靡有終窮也則畏之所既

者實也畏之至知之至哉

掃盡塵氣獨標雋永中間萼跗相銜瀾迭振時有春風靈液

鼓盪其間宜

陳大總裁稱為潔淨精微旨和音雅也　廖古[illegible]

君子有三畏　一節　壬子薦卷　王士俊

古法

惟君子主敬以立命、天與人、一以貫之者也、蓋畏者君子主敬之實功、天命大人聖言、約舉其三、而立命之學、不在是哉、且君子眞受中成世、而後疑終其身皆快心之日也、而不知終身皆驚心之日、蓋入人心之境而危者、入道心之境而愈危、所詣既高、則所見不得不重、而後乃能以巍然之躬、獨立於古今上下之間、而泰然其無愧、則君子之學、豈有不從畏入者哉、夫天人之理、與身心之理相映而生、其滲漏之端、因之邃密之心、與嚴憚之心相適而成其孤危之象、若其所畏、殆無時無事之不存者、而大畏固有三焉、

一語淡然便堪千古　壁立萬仞　老筆　勁萃理密　微密　綿密絕　老辣

則天命大人聖言者是天上帝陰隲下民厥有恆性而命固以立
是命也固不獨於觀之有赫已也萬物之表而有理焉從其朔者
為貴有行之成而有道焉順其則者最精彼降衷未定之先是物
亦幾靳惜而予之人生其間顧可以飲食嗜好之軀忘乃爾畀上
運乎君子於此蓋知所畏矣絀戲渝之情以嚴夫顧諟而旦明是
滿時通帝載之神絕怠妄之見以進於精勤而視聽貌言克踐陰
陽之位是固何如其畏者也夫攝以神者不攝以象則中之[illegible]者
已默參於穆之氣機故其乾惕之精神有不知若何洗鍊耳[illegible]若
物生必渙渙者必有以統之天於是作之君而因有大人是大人

高○豐○帝○王○提○序○有○主○有○此○精○密

者固不渝矣典則於一世已也制因乎時而有救焉當其運者最

尊德尚於弌々有憚焉任其元者居上彼神靈皆出之時帝弌猶

絡○史○

磐○危○

為備謙而處之人生其間顧可以聰明才智之質藐乃勢分之隆

即○以○中○庸○註○論○語○

乎君子於此蓋知所畏矣秉不倍之義以肅厥躬行而出入起居

莪○天○步○艱

準作典型之樂窺制作之精以用為觀法而袞旒斧鉞亦欽道德

據○對○

之華此固何如其畏者也夫崇以道者不崇以勢則識之銘者

叶○原○盛○大○

洞徹帝王之原本故其憲章之精神自不知幾經被灌耳一物之心

象之者必有以見之之天於是作之師而固有聖人之言是學言者

楮印寸改 蔦文字 ○彝○然○六○經○之○精○蘊○

固不待聆炯戒於千秋已也理在性命而非幽焉者之書者最質

教本空虛而非渺焉繪之象者更明彼開天明道之日維皇直將

罄絶

恭默以待之人其閒頗可以語言文字之粗等為糟粕之棄乎

更發明更造影

君子於此蓋知淅畏矣煜辨白之良以尋夫道脈而淵源百代焉

無倒善花

嚴庭戶之交植清明之志以探乃心源而風雨一堂自有英靈之上

膝對

奭此圖何如其慝者也大師以學者不師以辭則中之朗者已盡

窺前古之精微故其被服之精神有不知若何肫摯耳吾冀者始

曉寔燕集知務推倒嘉惇開人

之致知窮理以滌蕩其怵惕悚厲之誠絶之欲淨理純以漸進於

自強不息之責此君子主敬之功而即君子立命之學也

附洸刪厲上配克猶　本房張大赤師

大抵衰哀矣而幽尊之骨淵粹之情自在如此科舉文字付梓

下筆使人慚 張晴壑

人所有者一字不容入此自剪裁之嚴我所有者一字不可移

此自鼓鑄之烈 葉華木

君子有

君子有三畏　一節

壬申會試　毛師灝

歷指君子之所畏、皆本天以推之也、夫天之有命、敢不畏哉、而大人聖言、即由是而推焉、斯君子敬天之學也、夫且吾人受中於天、而自治之學、即奉天以爲法戒、凡天所簡與天所臚者、莫不環而集焉、以策吾兢業之一心、蓋敬以作所而理得其通、唯終身無一非惕心之日、而其心乃常操而不舍、是在君子矣、吾嘗於規模氣象之間、顯窺其震動不寧之概、亦即於意用神明之内、隱求其怵惕維厲之精、約略所畏、蓋有三焉、畏不生於欲而生於理、則道心亦入於微、既研辨乎毫芒、自謹持夫徑寸、而澄懷渺慮、直據道微

擒天字一貫如珠

莊重不佻方可發福

鑱刻取詣緻

合漢之先畏不肅於形而肅於神則內念當彌其隱惟不違而奉若自慎動而謹幾而昭布森列遂通上下古今之會今夫道之大原出於天而勅天之命君子以之若夫繼天以立極者則有大人開天以明道者則有聖言君子畏天故罔不畏焉負陰抱陽以來君子與人同受陶鈞而獨挾此仰焉若愧俯焉若怍之懷以與日用飲食相維繫蓋寔見其有皆備於我者而不敢棄也審與之循而出王游衍之地洞見本原推之而圭璋聞望恭若儀型大訓宏謨尊於蓍蔡舉凡所謂助化而承流者一皆天所範圍而兼綜條貫乃愈形其得主而有常則畏之所入者深也而執玉捧盈猶其

讀文時細心參之

力擣中堅先辦奇擊

君子有三畏 一節（論語） 毛師灝

迹耳名教綱常之大君子與人共居樂地而獨持此不敢不踽不
峯漏中如是
敢不蹐之意以與寢興夢寐相周旋蓋深明其有日監在茲者而
不可褻也迫與之附而陟降左右之間聯於呼吸推之而鐘鼎旂
常悉通帝簡琬琰竹冊具有神靈凡所謂經世而彝教者一皆天
所統貫而對照叅觀乃愈見其分明而鄭重則畏之所周者廣也
華力嶄然
而履薄臨深乃其常耳是故畏無先後之分而理必從其朔畏有
主輔之合而道惟統於尊苟其天與為徒則贊化調元已起乎黼
黻文章之上顧位可亮工德堪覺世亦平分造物之功能以顯標
醇而後肆
乎宇宙故君子事天即以事人而初不敢以矜心躁氣泥塗乎軒

墨刪

晃糟粕乎詩書果其命自我立則經緯茂對已握乎三才萬象之全而達尊首爵主善為師悉默受化工之鼓鑄以密策其身心故君子人事無非天事而又豈徒以攝氣凝神震驚乎車服之膚摩撫乎簡編之末此三畏之寔功也而要豈為不知者道哉

鼓鑄具有大力浩氣盤舞偉詞輻輳千人皆見之技　張恪仲

無一字不精湛無一筆不充滿闕中肆外雅與題稱　汪宗彝

平日多畏心臨場無急念彼悠游於恣下者安得有驚人之句。

汪章彝

君子有　毛

論語

君子有三畏畏天命畏大人畏聖人之言　十六名毛師灝

歷指君子之所畏皆本天以推之也夫天之有命敬不畏哉而大人聖言即由是而推焉斯君子欲天之學也夫且吾人受中於天而自治之學即奉天以爲法戒凡天所簡與天所臨者莫不環而集焉以策吾兢業之一心蓋敬以作所而理得其通唯終身無一非惕心之日而其心乃常操而不舍是在甚乎矣吾嘗於規模氣象之間驗窺其震動不寧之概而即於意用神明之內隱求其休惕維厲之精約畧所畏蓋有三焉畏不生於欲而生於理則道心亦入於微既研辨乎毫芒自謹持夫徑寸而澄懷澂慮直據通微

合漠之先畏不肅於形而肅於神則內念當彌其隙惟不違而素
若自慎動而謹幾而昭布森列遂通上下古今之會今夫道之大
原出於天而勅天之命君子以之若夫繼天以立極者則有大人
開天以明道者則有聖言君子畏天故罔不畏焉負陰抱陽以來
君子亦與人同受陶鈞而獨挾此仰焉若愧俯焉若怍之懷以與
日用飲食相維繫蕃宂見其有皆倫於我者而不敢棄也察與之
循而出之澂衍之地洞見本原推之而主章闓望奉若儀型大訓
宏謨尊於蓍蔡與凡所謂助化而承流者一皆天所範圍而兼綜
條貫乃億形其得主而有常則畏之所入深也而執兩擇益特其

師耳而名教綱常之大君子亦與人共居樂也而獨持此不敢不肅
不敢不陰之意以與寢興夢寐相周旋縈游隨其有日監在茲者
而不可藐也從與之附而陟降左右之間聯於呼吸推之而鑑觀
旂常慈遺帝簡境謨何攝與有神靈凡所謂紓世而垂教者一符
亍所統貫而對越希戒乃愈見其分明而鄭重則畏之所周者廣
也而履薄臨深乃其常耳是故畏無先後之分而理必從其朝畏
有主輔之合而道惟統於尊祈其天與爲徒則贊化調元已超乎
嫺散文章之上領位可亮工德堪覺世亦平分造物之功能以擴
標乎宇宙故君子事天即以事人而初不敢以矜心躁氣沉塗乎

恩卷　書業堂

軒○冕○糟○粕○乎、詩○書○衆共命自我古則經緯茂対已握乎三才萬象

之○金○而○達○尊○首○爵○主○善○爲○師○悉○默○受○化○工○之○鼓○縛○以○寧○策○其○身○心○

○故○君○子○人○事○無○非天事○而○又○豈○徒○以○攝○氣○凝○神○震○驚○平○卓○服○之○膺

摩撫乎簡編之末此三長之實功也○而要豈爲不知者道哉○

君子有三畏畏天命畏大人畏聖人之言　三名　左衢

君子方居敬實有見於天人之合焉蓋命出於天即大人與聖言所共乾者也君子凜然有畏非實見三者之當慎哉我夫子恭敘于尊王之義立扶世章教之功因為天下正告曰人之自立於有生後者俯仰今古要必斂一己之心神以全攝之夫惟洞悉乎其故則無象之疑承與有形之刻厲皆交孚於神明辨驗天人蓋無一敬自斂矣若是者惟君子爾室之與明堂非有別為糾繩之境而深惟性道之同歸覺耳目所懲慾閑怵惕一端之與萬象孰是可容忽慮之地而綜計生平之質對斯精神所積倍凜危微敬嘗

顯君子之用心操之以畏約之以三有斷然者今夫君子天人之
交責者也天為在天之天則天之氣行天為在人之天則天之理
定命固天之所宰也亦既誕畀維均而君子獨有見於受中之本
焉無聲之帝載屋漏如臨也有赫之神明昧爽若接也賦予無爾
畏在歸受覩聞所嚴畏在旦明詩曰維天之命於穆不已君子其
禀之矣人為共戴之人則人之權尊人為共法之人則人之德重
大人體天命而出也同此瞻依所切而君子獨有見於智臨之宜
焉畢生時仰儀型非緣位震也一息不忘則效非緣勢屈也不倍
之民畏以寡過承流之地畏以從風易曰飛龍在天利見大人君

子其簽之矣聖人自為聖人則聖人之行彰聖人欲共為聖人則
聖人之言立聖言本天命而闡也共此啟廸惟殷而君子獨有見
於起教之原焉一字垂於金石式訓以祇承也千載著為典謨經
開以表德也表章之籍畏其理明勸懲之詞畏其義正書曰聖謨
洋洋嘉言孔彰君子其識之矣是則本幽居之窮理以目精其察
識日處夫天經地義而相維相繫常為吾心觀會合之源故時緣
一己之存誠以畢斂其操持即當此目見耳聞而有異有嚴遂為
大道繫幾希之統君子之畏君子知所畏也而不知者則亦終為
小人之歸矣

第十六冊　卷四十七

畏天命畏　三句

二十二名　史勵

君子嚴天命于一心而自有其兼及者焉夫人各有命而君子畏之亦動于斯不容已乎彼大人聖言皆命之所在即皆畏之所存也今夫後起之數不欲其增也而固有之良恒慮其損也獨有人焉于人所易損者而兢兢之且于人所易褻者而能敬之心日虔焉學彌篤矣學日深焉道愈崇矣吾何以言君子之三畏哉理綜于所不足則惕厲生君子之于理夫復何不足也然正惟無不足者之日見不足則惕厲生初夫己儼恪之是居矣心惕于有所歉則敬承至君子之于心夫復何所歉也然正惟無所歉者之日形其歉則瞻觀古今夫

已驕矜之惡極矣君子見天之所以與我者祗此理耳外而子臣弟
稍當語
友之得其常內而仁義禮智之合其節性之所始即命之所予于焉
天人
畏之而惕然震動之心有在焉不敢稍寬者由是本天以出治可以
秀
渾民本天以著書可以覺世雖然世有位高望重先我而為大人者
是其于天命也固已著為綏猷垂為法制念斯民之不能遂生而為
之恬以飲食念斯民之不能復性而為之董以膠庠此固體天之意
綰三段作一比
以出治者也君子畏天命烏得不畏大人乎又有德盛化神先我而
為聖人者是其于天命也固已發為微言傳為謨訓知由于天授而
不辭探索以前民行由于自然而不廢勉強以立教此固奉天之意

以覺世者也君子畏天命烏得不畏聖言乎夫命之在我者無時不
與接也大人聖言或有時而不與接矣接則畏否則怠人情乎君子
無畏也夫君子之操存于爾室者初無頃刻之或離雖祗之乎天命
之是承而大人可盟諸出獨聖言可質諸隱微其畏夫命也即其畏
大人畏聖言時也而豈存形迹離合之間哉抑大人聖言寔而可憑
者也至于天命疑其虛而無寄矣寔則畏否則懈人情乎君子無是
也夫君子之景仰于當前者原由夙夜之欽承雖抑之乎謙冲之自
下而並禀維皇之衷懋將陰騭之原其畏大人聖言也無非畏天命
時也而豈徒於此則敬之際哉君子之能畏如此非君子之知足以

畏天命

本門　鑑選　江南　畢天命　史

哉之乎。彼小人烏足以語此。

三段作八比。體格雅而又出之以高際之詞。

君子有三畏　一節　　包旭章

以畏承天識精者志彌惕也夫天命者理之大原而該之者大人聖言也君子有三畏以承之惟識精於理而已且人自受中天地以生作基於宥密而統任於君師久矣約束嚴而敬承者有象矣推理克究其寔（透徹）斯心不集於虛怵惕惟厲之衷靜有與偕動有與值而寘々與昭々均無昏於情氣蓋性情之維繫者深爾吾嘗即君子慎修之學歷想作德之心其日休者皆（老）其勿休者所疑而承焉者也世途無危險爨（比不浮不屠）則中之顛越真危險也相箞以精心而理從其朔神明有專注乃以歷用而不衰時事乏憂虞性分中之愧

怍寔憂于房也欽承以抑志而義各有緣敬慎握中樞乃以固結而莫鮮爰稽厥畏君子蓋有三焉今夫天命者理之大原也毋曰蓋高覽威顏於咫尺毋曰不言儼語誠以叮嚀觳臭胥捐乎君子誠（各○晁○寔○義）凜凜也以不敢昧者畏天之明以不敢康者畏天之健聚精會神而思無過越儼乎日鑒在茲矣若夫體天道而立極撰合陰陽稟（語○○卓○鍊）帝命以綏猷福由斂錫君子於大人益兢兢也以不敢自用者畏達人以不敢自專者畏元后奉神休教而推戴不違依然有赫之嚴威矣者夫本天經以敍彝知覺先民奉明命以敷宣訓猷式世（更○精○湛）君子於聖人之言彌陽陽也以不敢荒畧者畏墳典以不敢附會

者畏詩書尊聞行知而功歸寔踐依然有虞之對越矣蓋精神[illegible]
以無不到而戒慎有小心時怵以旦明之臨履其畏也初不從葸
（云九覆時霎精光）
惧中來也通帝載於穆清而範我以國憲詔我以聖謨恒恐德性
少漓內愧抱成全之憾故不為既默契天德即有為亦仰副天行
而悔吝吉凶不得平分其功過一智慮可以無不周而寅清在夙夜
刻提此精白之懷來其畏也并不從迷悟中轉也葆靈明於在宥
（情警）
而耿光近天子彝訓刵先人恒虞劼毖稍疎屋漏來鬼神之瞰故
睹聞未起既先天可弗違即接構方殷亦後天可奉若而神凝志
壹未嘗少間以馳驅君子之以三畏承天也若是彼知出其下者

烏足以語此。

精蘊内含措語洞中骨裡此之謂空洸妥帖

君子有三畏　之言

解元　朱學泗

君子明理之功、而天與人交盡矣、蓋命者君子所性之理、明其當畏、則法大人而守聖言、莫非奉天之憲、故三者可歷舉焉今夫心逸而休德成之驗志明以肅內省之方要以維皇所降其賦予以（髮卓）甚公而奉若不違其欽承有獨切則是敬以貫乎始終者視天下（三〇句不平精氣凝轉）本無可慢之人何况有道視天下本無可棄之言何况明訓俯仰、天人之間誠無性而不載以小心矣何則道之大原出于天流行（揆挹二項排蕩闊縱）（渾乎大家）不已命之所為主宰也真精妙合命之所為陰隲也從而體備焉（一直說下）而著之為德業莫如大人用以闡揚焉而垂之為典語莫如聖言、

此孰非人之所當與爲會通而競業矣之者乎而能有所畏者則
〇纖〇筆〇凌〇雲〇
惟君子一神明之地其出入未可期而意有所承遂覺不期而自斂
〇單發畏字〇二比　〇清〇刻
君子之畏非形神之獨踏乃志氣之嚴凝臨保之思其蹤跡殊難
定而心無所弛方將隨感而轍形君子之畏勅于覲聞之未起且
交儆於模範之當前蓋所畏有三而其一在天命矣天之去人也
〇作〇見〇删
甚遠遂觀之而不外身心虛其心以究成形成色之由不以後起
隱〇夜〇氣〇清〇明〇正〇是〇此〇理〇
之紛疑初之無據亦不以人爲之雜疑貳之無撓命之在人甚微
聖承焉而何分隱顯暢其神以体全予全受之本不以形之未有
〇自然脫卸
致忝於所生並不以性之未定致歉于所秉若此者帝則察而顯

道彰不啻示以非矣帝謂通而欣羨泯不啻提其耳矣豈至大人
聖言而頤可忽之哉從來文炳之大人位顯而道行文蔚之大人（盛調宏亮）
品高而望重以固天命所當畏者則以君子事之方且戴為君焉
是訓而是行奉為師焉可儀而可象即至觀色笑而鄙吝消慕儀
型而風流遠猶恐薰其德莫媲其美而何敢忘祇事之誠從來經
世之大言意博而詞遠傳世之微言理精而事近此又天命所當
畏者則以君子遵之且謂與百姓之能焉圖疇咨而從之文字定
百王之法焉官禮備而具有成書即至啓篋籩而恍覩告語佩箴
銘而不懈持行猶恐辜其緒莫從其統而何敢息恪遵之志君子

梳剔透義無一不到處捨通篇點水不漏無前須

之三畏如此然則謹小慎微日用多可畏之形而三者爲危切我

叱相配

思則天大人早立其型我或褻天聖人後陳其戒君子之精神有

此處更細

所注而至一不分嚴薄臨深畢生皆致畏之地而三者已可該天

固無跡昭法象于大人天本何言淺精蘊于聖人君子祇慎會

淺下知字

其全而退藏恒察向非明理之大原何以合大人而交儆哉

端凝典雅元氣渾然　　至考張原評

醇優養邃大雅元音　　主考吳原評

掄元之訣有二雅欲技壺如不欲戰此以度勝也太原公子提

三千鐵騎當者披靡此以氣勝也文英氣蓬鬱有超壓十人之

緊自應領袖羣英然排奡之中有精湛之理與時下浮艷固相逕庭周聘侯

上句爲綱下三句爲目人前多用虛籠獨從下三項逆入轉到首句有字泆得警策已據全勝之勢通篇精理灝氣蟠結當其布局措辭時已不作第二人想管紹姬

君子有三畏　一節　壬申會墨　　李烱

君子以窮理者主敬、見天人合一之學焉、蓋畏所以實其理也、有天命然後有大人聖言、窮理之君子修此三者故全也、且吾人體道之功、未有不從敬入者也、而功所從入之處、即於道所從出之處、要以毋不敬者灼源流之合、而貫終始之全、斯以有主予心者、即以不息予道、而心與道乃能相守於無窮也、夫君子者身為天人交責之身、故心為天人交畏之心也、理之境至虛、而心亦虛〻、與虛遇、必有嚴凝駿肅之氣以實之、斯理得所據、而空懸而無薄者遂以安止而不遷、心之用易渙、而理亦渙〻、與渙引、必有震動恪恭之意以攝之斯心得所存而主一而無適者乃以同條而共貫約其所畏蓋有三焉今夫天命不擇人而予也而同君子而受者君子既畏其與人同先君子而全者君子又畏其自我異是故

照小人　龍大人聖言

畏之大端在天命矣與天相似樂天不憂君子何畏畏之者不獨有其意有其事焉不愧屋漏為無忝存心養性為匪懈則至命之極功也由是大人樂禮樂則天命將為昭焉君子以畏天之心畏之凜飾喜飾怒之政刑儆若訓怒欲渝之乾惕也由是聖人有[illegible]教則天命與為宣焉君子以畏天之心畏之體先知先覺之精心恍見使知使覺之帝心也而吾因以思君子之三畏也其始有相

生之端其究有相成之理瞑觀陰騭之原我生以前之憂懼非疚惡而憂懼不疚惡亦憂懼也乾父坤母貽我以踐形惟肖之身物與民胞待我以輔相裁成之事大人聖人之德業天命中常隱嚴（是相生）其責備君子縱德位未乘而其道有以相師則原本同而曰明曰旦之衰即危微之傳所託始迄覽見聞之統我生以後之戒懼不睹聞而戒懼豈睹聞而不戒懼也綏猷建極符舒慘于陰陽設位成能契精微于易簡天命之流行大人聖言要以顯呈其法象君（是相成）子縱神明專注而其理有以相足則法守定而不倍不驕之志即顧諟之學所由終此君子主敬之功抑君子窮理之功也

古愚堂制義　語

其氣清剛其理深厚有天棠人之精銳而無其駁雜者　原許

君子有

君子有三畏畏天命畏大人畏聖人之言　一名　李祖惠

君子戒慎之學本天而之人者也蓋人爲天命所篤而大人聖言更由人而擴乎天者盡人合天之君子所畏固有是三者耳且從來暇豫之神皆從危厲而出而勳業之著乃洞觀於天人之合一而成本天之人將視人無非秉者本初有賦畀顯設有君師同曰高高在上觀然之躬具之矣即功在生民憂在萬世者同之矣是故當世有君子其所以力乎於人以之危道心之微者不越靜存動察兩端而所以周乎吉凶之故悔吝之幾者不出懼以終始一法吾嘗統觀於天人之際所知渾然者理不容隔天與我而二

之更不容欺其人之昔出與其人之光覺業已有致於天而與天
岐而視之然則君子之所畏固有三也衾影屋漏豈別有鬼神臨
之吾心之靈即鬼神也夫此方寸不容自昧之處即天所鑒觀於
我之處欺慊介在隱微已災祥之將非遠形色公之萬類詒人爲
之數無多慎之慎之任肩惟爾隕越亦惟爾也且夫君子畏天命
豈惟蹈高蹐厚可幸無罪云爾哉人者天之心盡人者達天之實
帝王療爲用夙夜不敢康而生民以來代有作者憂之也深說之
也長自貽哲命又懼菩菩者之或墜厥命也君子之畏豈容已乎
大人亦人耳而其德則位乎天者也天有臨下有赫之權不能使

聰明明威不假君相而後傳其用易有云利見大人龍德之正中君子非無事焉而在天者因君子所備物而仰觀者也天降衷視大人之所以建中大人表正即知命之所以各正矣聖人亦人年其踐形乃惟之夫天者也天有臨民孔易之理不能使圖書疇範不假師儒而特發其精心嘗云聖人之情見乎辭負墻之所侍君子生已後焉而舊世者乃此日之所警心而惕慮者也天無言視聖之命我何如聖有訓即知天之命我何如矣若是者以天為衡而大人聖言各分陰騭相協之司以命為程而畏大人聖言一皆悚懼顏說之義散之即萬事萬慮之周於防約之祇動靜始終之

一〇矜〇敬君子畏此三者遂皇焉如不終

畏天命畏 三句

李嗣岱

合天人以為畏君子修之吉也夫理出於天而亦具於人天命大人與聖言皆理之所在也烏容以勿畏哉且君子之心所刻刻不敢忘者惟此天人之理而已凜於天鑒見亦臨亦保之誠惕於人鑒見是訓是行之準不禁以存理之心激而為畏理之心焉其一見之畏天命矣天有顯命厥賦惟均非於庸人獨不足非於君子獨有餘也然而君子畏之矣曰明曰旦捴此奉若之心而思其微又懼其危嚴其動而不敢一念安也蓋全天即以事天基命即以凝命君造化之澹然而直引之為神明之對越矣若夫名德

要言不煩

數語包括無遺

論語

則大人者亦畏之所在也蓋世無大人則尋常流品
之以激發其尊崇是見大人無非起我之嚴憚也君子如（畏字真警）
臨如質素深有道之瞻仰即不遇大人而羹墻若見況既遇大人而
能不祇承奉之乎固不啻天命之即寓於大人而耳目接之即其帝（根上天命文氣沉雄）
命凜之而豫遠其戲渝馳驅之念也已若夫聖謨洋洋嘉言孔彰則
聖言者亦畏之所在也蓋世無聖言則羣言衆說之鼓簧不足興起
其佩服是聆聖言無非觸我之敬信也君子左圖右史夙體格人之
明訓即不聆聖言而箴規宛在況既聆聖言而能不寤寐以之乎蓋
不啻天命之即具於聖言而蓍蔡依之即其明威惕之而益矯其苟

且放佚之失也君子之畏如此則天理安有不存人欲安有不去哉

樸々寔々發揮理宗先正法本先民洵足為後學津梁載蘭亭

畏天命

君子有三畏畏天命畏大人畏聖人之言　十三名　李蘊芳

惟君子識所畏而其德成焉蓋君子之心無敢慢也而於天命大人聖言尤致嚴焉畏此三者故全也且夫人之心所以與天人性命相終始者敬而已矣揆諸幾微之地有以澄澈其本原紛諸宥密之中莫不欽承於罔斁古之人夙夜基命以大昭受之休而行為世法言為世則率此道也唯君子謹之矣竊嘗反覆於人心操舍之由深察乎修身慎行之要而知幾貴能明功嚴克畏以一身中處覆載之內使徒而索諸民物則朽索之懍何與幾希所貴得其本也嗜欲必謹燕昵必防祗此一念之矜嚴固已收盛德訏謨

墨卷

而還諸性始以儒生祇承上下之交備虛而索諸幽渺則屋漏之
地偏有數思所貴徵於實也靜固立監動亦佐史常懸一端之放
逸遂致絕常經通誥酒飾我容務則見其幾不昧所從來之觸惕
乎祇服約而有統大而能盡有三畏焉今夫乾稱父坤稱母造化
所以流行也至盡制聖盡倫心法所以常昭也道之大原出于天
然命則其顯著者無好無惡或啓迪之思懼思危或左右之修文
言而悖之凶君子懔出入焉行法以俟不敢以邀避其心也天
命之有赫在人而大人其先覺者先後不違帝順之矣應求有道
類從之矣先其事而後其利君子辨誠偽焉常憲是守不敢以逐

湯[illegible][illegible]

遹易其志也蓋夫聖有謨訓明徵定保聖言之垂訓于天下後世
可謂至哉內顧有覺無慚質之詩書則多戾單辭未闡性術之
身世則如神藏之約而行之行君子務默成焉大猷是經不敢以
徇異紛其業也精神凝定之際萬事總無可心之端君子獨兢兢
此三者所以極之至尊至重而使不敢越也受中端自上帝百神
之何察猶寬訓行稟諸大君于至之儀刑可接此非可以明昧泰
也夫謹小慎微豈其別有學術而戒懼所切寔操心于仰不愧俯
不怍之先天廷視聽之餘言色原多善下之慝君子尤凜凜此三
者所以微之至明至當而使不敢矯也反觀其所自始德位皆統

乎一元衆著于所自成ㄑ教咸歸于生我此非可以大小論也夫

慮遠思深亦自有其炯戒而臨保不違必矢志于遠有宗近有守

之寶夫德由畏成而心因知切其斯以為君子乎

君子有三畏　節　甲午　吳煒

君子之畏有三由天命而歷及之焉夫曰三畏已該予畏之全矣天命大人聖言皆君子所兢兢也常思學以全命為歸以盡性為程以窮理為務而要其貫於終始者則曰敬而已矣是故淵察不可以意存也而兢業則不可以寂守誠壹不可以數計也而嚴肅則不可以泛闊指之而有其寬循之而有其功君子蓋有三畏焉防人心則必勅天命天命者吾心之存主也於此以安厥居以協彝倫以敘天之所以命我者豈偶然哉君子畏焉循隨器而其耳目心思無敢曠官理乘氣而運陰陽五行無敢失正蓋有曉然於

（老氣橫秋）（用經語字字微密）（論當）（着眼）

天命之當畏是以不愧屋漏為無忝存心養性為匪懈矣畏天命
則必敬大人大人者天命之攸寄也位天職天之明亮天之
天命大人詳得融
工天人之所以全天者豈偶然哉君子畏焉道德仁義思會而歸
浴畏字亦各還精義
之以保其至尊至貴之秩功業文章思訓而行之以全其可愛可
求之常蓋有曉然於大人之當畏是以見大賓而凜如對越覽德
輝而纔若神明矣畏大命則必尊聖言聖言者天命之表著也降
于天曰衷秉于民曰彝綏于后曰猷聖人之所以言天者豈偶然
寔有脉胳工夫倦非如禪門誦經念咒也
哉君子畏焉言之廣大精微者約之性命之蘊而不見其高檮言
之日用飲食者旨之易簡之原而不見其卑邇蓋有曉然於聖言

之當畏是以居業皆且明之地則儆皆鑒觀之時矣一夫突肆日去則人欲無可乘之隙莊敬日彊則天心有來會之機漸而積之漸而養之吾見將與天地合其原與大人合其德與聖人合其理從容中道而泯其畏之之迹也

吉夫緒容處

詩曰思無邪禮曰毋不敬此文有焉

取鎔經義細密高華此之謂言立　王漢階

大章皆經義專以理勝方是尼山真境地為予史祈不能及　姜予係

吸六藝之精髓名理并為寶光罩之唐瞿集中亦是極盛之業

子昭

君子有

畏天命畏　三句　十三名　吳景高

學通于天人皆畏其所當畏者也蓋天命之於人切矣然非大人不
能盡非聖人不能明也君子畏之亦曰學固然耳且吾言君子而有
畏言畏而有三誠以君子一身上下古今所交責之身也君子一心
俯仰往來所不息之心也故無往而不懼亦無往而不得其所持守
曠然想君子
者誠大而其識誠遠也何則君子之身天生之而君子之心天鑒之
將君子字攝題全意
者也君子而得志行道則將學為大人君子而繼往開來則將退而
仍歸天命上
發明乎聖言使天下曉然識天之所以予我者如此其重也然而君
子之心於是乎恐懼生而戒慎嚴矣嚬觀乎一身以外君親倫紀之

選　江南

春命吳際

選　江南

桐接莫不有義以紀之恩以維之分以別之情以聯之凡其所以然者皆天也天命諄諄而君子視之惄然敢乎哉近求乎一身以內耳目心思之皆具莫不有聰以辨之明以察之謀以籌之哲以通之凡其所當然者皆天也天命赫赫而君子處之漫然敢乎哉君子違天所以畏天一時之舉動常有獲罪隱微之憾天未嘗伺君子而窺其志而君子之心不寧其伺之也終日乾乾不能已矣君子奉命所以畏命一事之周旋恒有抱慚夙夜之慮天未嘗詔君子而重其責而君子之心不寛其詔之也小心翼翼罔敢懈矣雖然天命之所以至今不昧者特有大人作之型而聖言為之教也人為大人而性望崇

隆德輝爍著凡其本天立極者畢動君子以弗敢弗畏之也（不說天命）言為聖言而典則詳明誥誡諄切凡其奉天立訓者又與君子以弗能弗畏（分辨大人聖言二比遞動畏字）之理而究非大人能使君子畏也寔有見乎名教綱常仔肩匪易彼大人者獨從容而究大道之原則勢不足以屈君子而德足以屈之（合上句）也夫畏以事夫人如事天也亦非聖言能使君子畏也實有見乎道德精微闡揚靡盡彼聖言者獨先我而發不傳之蘊是聖言樂有君（姿得畏）子而君子尤不敢忽之也夫是以奉聖言如奉天也吾乃得合言之曰畏天命畏大人畏聖人之言不然其又何以上下古今快然于脩（起收）印往來間也耶

井然其不亂者體也渾然而有別者理也　江南

畏天命　吳景高

君子有三畏畏天命畏大人畏聖人之言　九名　吳雲步

觀君子敬天之心無事不本於天矣蓋理統於天大人聖言皆天命所寄也君子之畏約有三焉非敬以作所若乎且萌端起於心必敬以徹其源則理得所歸而從理與戕理者皆觸心而內怵其類良渾備惟心受之始難可師惟心承之溯錫予之原因以奉此常而湛類訓其神常湛其微常昭也今夫世有君子所為奉若乎天以求盡乎人者也於是有可畏焉一念有專惕則紛所感而不紛不擾以定其神無多求也凜衛密於夙夜而法必宣今文惟稽古君子之純粹獨精情有交警則涉萬緣而不易不易以貞其守

詩四房

有定則也。謹出王於旦明而善斯從信學尚觀摩君子之善綜有要其所畏者約有三焉。則天命其首務也。陰陽偹相協之經緯經綸不離天載而非畏無以達其神。君子視聽達諸天。斯聰明通乎命動天之敘賤天之官。不特欽崇焉已也。敦敘之無形儼乎紃繩之有象而息荒悉泯於斯須。降衷秉彝有恒之正則帝謂實啟聲衆而非畏無以肅其志。君子存養事乎天。斯神化至乎命見天之則達之德不第輔相焉已也。無聲之命今惕乎有道之情陳而暇勉不形於動靜。而是法天命之正以育萬民則為大人是勢分之顯也而實關性分之徹。衣冠起嚴憚之思旌擇存則做之顛龍德

許用房

其正中哉。君子以為臨下有赫若斯矣。威儀所以定命。則欽聲名欽模範。遂與畏威之意以俱畏。若夫聞天命之精以詔萬類。則有聖人之言。是道統之傳也。而即為道原所從出。薈嚐抱牾對之隱聞見矣。強識之忱。圖書其爍陳哉。君子以為鑒觀不淺若斯矣。絕述所以立命。則如蓍蔡如箴銘。遂與時憲之心以交儆。君子之三畏以存心也若此。吾於是知君子之畏。始於幾之能謹。而積於誠之能存。天之聲臭冥矣。而先見者有其幾。惟勅幾以凝命。則循於物而當。幾足式示劝徵。而幾先必謹。審其朕以微天心而[illegible]十成之易。[illegible]聖最神矣。而立本者歸於誠。惟[illegible]

君子有三畏　一節

壬申會試　九名　吳雲步

觀君子敬天之心無事不奉若乎天矣蓋理統於天大人聖言皆天命所寄也君子之畏約有三焉非致以作所者乎且萬端起于心必敬以敬其源則理得所歸而從理與載理者皆攝心而內斂（勁氣沮金石）蓋彝良渾侗惟心受之矩矱可師惟心承之溯錫予之原因以奉典常而遵彝訓其神常湛其敬常昭也（渾成）今夫世有君子所為奉若乎天以求盡乎人者也于是有所畏焉一念有嵩惕則經百感而不紛不紛以定其神無多求也凛宥密于夙夜而法必宜今文惟稽（縝密以嚴）古君子之統攝獨精積有交警則涉萬緣而不易不易以貞其守

有定則也謹出王于旦明而善斯從信學尚覯摩君子之兼綜有
要其所畏者約有三焉則天命其首務也陰隲備相協之經雖經
戲○
綸不離天載而非畏無以竦其神君子視聽達諸天斯聰明通乎
牝○偉○坐○仍○復○纓○貫○鈎○連○
命勅天之敘踐天之官不特欽崇焉已也敷錫之無形儼乎糾繩
之有象而怠荒悉泯于斯須降衷裕有恒之正則帝謂寔啟牽蒙
而非畏無以肅其志君子存養事乎天斯神化至乎命見天之則
瀏○瀏○頂○拌○剏○器○錯○
達天之德不第輔相焉已也無斁之命令惕乎有道之指陳而服
逸不形于動靜而是法天命之正以育萬民則為大人是勢分之
顯也而寔關性分之微衣冠起嚴憚之思珪璋存則儆之顧龍德

其正中哉君子以為臨下有赫若斯矣威儀所以定命則欽聲名（波折）欽模範遂與畏威之意以俱呈若夫闢天命之精以昭萬類則有聖人之言是道統之傳也而即為道原所從出羹墻抱晤對之隱聞見矢孫識之忱圖書其燦陳哉君子以為鑒觀不遠若斯矣總（妙如洛照入江）述所以立命則如蓍蔡如箴銘遂與時憲之心以交摯君子之三畏以存心也若此吾于是知君子之畏始于幾之能謹而積寸誠之能存天之報臭泯矣而先見者有其幾惟勅幾以凝命則循軌（意備其精語）物而當幾足式示勸懲而幾先必戒皆察其眹以啟天心而聚精（婦子嬉）會神昧爽凜明威之惕天之運量神矣而立本者歸于誠惟以誠

為通復則建皇極而誠能動物尋墜緒而誠以生明胥體其寔以
熙帝載而殫心竭慮終身無戲豫之萌是誠君子敬天之學無事
不奉若乎天者歟

以天命作主而總納入畏字其中具無數細密作略真乃精思
成彩積健為雄 廖古檀

君子有三畏　一節

吳懋政

以所畏觀君子。敬天則無不敬也。蓋惟君子能通乎天命。而大人聖言。皆天命所分著也。君子之三畏。即一以貫之者與。嘗謂人有心。而上下今古之理。胥備賴焉。儒者一即自愛其品之事即一用。難躬大心之獨。非好爲踽踽也。蓋居於陰隱。畢從形聲之表。怵其神妙。然聽即形聲者。又各懼一陳驗之理以範之。故微妙便在纖微之數。研幾無倫。惟之嚴也。其惟君子乎。君子蓋深思夫天生蒸民。有物有則。而彝倫其命。天降下民。作君作師。而大道立其防。而不可對天之憚。即念之來。所以事天之功也。其

讀書一間　論語　會試

用何有在焉一何敢宣徹兼鑑以聽明受之命則歸着不容渴求
惟懟懍慎飭而理從乎獨將鏡斯徵之可尊可道自繹境而惕
以沁緣一旁宗必基方辰良放之　成則存者不可爲常惟潛憂其隙
越形志凝於神遂齋當前之所見所聞若依類而說之臨然所畏
有三則天命其大原矣恭消息於微茫見見元工之妙蘊而畏此
徒叩諸履小喜怒哀樂呼吸具有真　而協養在中和固珍惜而
迪爲嚴誠所爲思無越畔耶一涉戲渝然明旦既已昭質之無虧而
思又非徒修其迹也視聽貌言舉動皆適帝載而率循於日用無
惕怵而益凛臨保所爲動不過則一念知適之大原出於天

苟無心翱翔柙是天道至毅親昭宣是有大人焉造則為龍亦也
蔚則為豹之變降衷者曰皇而建極者亦曰皇也夫君子惰慢不
設即各恃相儆未嘗敢弛其禮貌況繼天立極者乎以事天者更
人伏處而戒偏黨之膩利見而勵䖍之篡作威可畏作福更可
畏尊王所以嚴游也有聖言焉儼然之習無欲之誠顯之著蕆栗之
大天敘者曰典而惇敘者曰典也亦君子聽憒虞允勞莫可
謨稱將與敍其敬勤始開天道達者將以希天者希聖坐誦而儼
奚嬌之見躬行而凜蕃恭之鑑法語可畏與語亦可畏紹聞所以
來德也蓋聽修之勞無繼續業中續漸而成越事於穆清之始而

君子有畏

天有顯道即秉德徒以便嬉戲法亦可事道有可宗號震來祈

若餘身之鑒繇不變者也亦樂天命嚴威之心又德會悟將自然

於洛澄懷在昭曉之原而矣不忌惡每託事言而並警故鑒不能

學業不自勝者也淡然拂拂辨誠勝此日獨能至命斯能立命君子

修此三者故全然惟其知之深也

墨楷鍊氣歸神故練不傷氣昃，毛洗讀時是琢玉鏤金乎

哉發非竟非正格諸同學雅愛其深醇質懿勉猶其講存乎

滴陔

○○○君子有三畏　一節

呂謙恒

君子敬天而有所畏、爲實指二者之目焉、蓋君子之心、敬天而已、由天命而大人、聖言、三畏之目如此、嘗謂人心凛旦明之義、而聖賢有戒慎之防、是宜觀君子之所畏矣、君子窮理之學、本於格致者既至、而動靜周旋、遂有所糾虔而不敢越、君子盡性之功、得於涵養者既深、而物則人倫、遂有所祗循而不敢過、蓋有三畏焉、一

（二股極老當無一二字可議下）

在天命、生人之成形賦氣、皆具秉彝、不啻告誡之諄詳焉、而稍爲暴棄、即爲褻天、君子畏之、而踐形以復性者、視此矣、上帝之視聽明威、通於食息、不啻降鑒之式臨焉、而怠於省察、即爲褻天君子

以天命貫下二句極合

畏之而匪懈於夙夜者有事矣至於大人固天之所以彰有德也
註意
君子欽其德而則傚於是乎恐後亦天之所以隆有位也君子瞻
其位而景仰於是乎不遑既畏天命則烏得不畏大人至於聖人
之言皆天理之所發抒也君子循乎理即若乎天而奉之不啻著
龜亦天道之所呈露也君子遵乎道即合乎天而承之不啻師授
既畏天命則烏得不畏聖人之言蓋其識彌精者其心彌慎極目
用事物而不可離皆其察識之不爽也其養既深者其性彌謹合
天人理數而不敢忽皆其體驗之有常也故曰君子敬天而已

下語精切製局亦極穩稱震川以來此爲接武也　孫子未

畏天命畏大　三句　何如栻

詳言君子之所畏。識至者敬亦至焉。夫天命大人聖言。此亦何人不當畏。而唯君子能之。畏之由敬而生者。孰非由識而辨者哉。嘗謂君子之學術。大約始于立德而成于立功。以底于立言者也。要其學術所由異。必先于念慮之間辨之。夫事關身心之大。何人不當兢惕乎隱微。而識至者常若有以自抑焉。則天下之見君子者。猶淺而君子之自見其心者獨先也。如君子之畏。無在不存。而其大者有三。夫惟獨見乎其原也哉。蓋君子之學將以達天也。彼自受形賦質以來。从與斯理相爲陟降。而凡憲天而出治。奉天而彰教。孰非求端于天者

乎故理莫徵于性命而君子必以一身勵盡性立命之功道莫備于
古今而君子即以一心凜遵今法古之義是其畏之所在可得而分
著也其一曰畏天命降衷恒性數也而理寓焉君子之畏不以數而紉繚
以理故舉清濁厚薄之說供不得而間之徵獨且明以飭素凜于居探入頭出
恒即至存省既密帝載可通而奉若之不違者恒若有所懼而不敢
褻焉正恐聆事不虞而形体皆處受也如之何弗畏其一曰畏大人
秉權御世位也而德尊焉若子之畏不以位而以德故舉權藉勢分
之說供不得而加之徵獨亢疾之形宜消于晉接即至律度既修舉
動無愆而憲章之是式者恒若有所凜而無敢越焉正恐檢飭不嚴

而欽承皆具文也如之何弗畏其一曰畏聖人之言明徵定保文也而道存焉君子之畏不以文而以道故舉升降汚隆之說俱不得而惑之微獨蒐古之識宜嚴于誦讀即至尊行盡善脩仰無慚而謨訓之是尊者恆若有所守而無敢忽焉正恐心思未密而誦述皆陳迹也如之何弗畏是則君子者始之不外窮理之力深之遂已大存誠之功修之于身固一己之天人性教所由盡學之于世即一代之德業文章所由推信乎三畏非君子不能也夫君子之所以能畏者亦曰知所畏而已矣

吐棄陳詮獨抉題蘊西山朝來爽氣奕奕是題得此十重塵障已

君子有三畏　四句　二十四名　汪師韓

詳君子之三畏敬由明而生也蓋二畏皆君子居敬之功而天命以及大人聖言其不得不畏也（扣畏字起）乃其以明生敬也哉且夫盡性達天之學未有不自一心之敬謹主之者也蓋斯理昭垂於天壤而有其統宗亦有其散見惟夫自明而誠者獲於對越常慎動而勤必容於祗承更遵將而法古而君子大居敬之德遂由此立焉（總起二項接首句）夫君子者深究夫功業文章之所出而知仰不愧而俯不怍其事莫切於欽承默窺乎星降陰隲之有原而知綏厥猷而顯厥謨其功總屬於乾惕則所畏約有三焉而其首重者端在天命維天以明

命彰其德君子不敢棄天也而且明有經緯焉舉念於於則風
夜惟寅之命於終身則顧諟思永畏焉而一息不敢懈也益早以
受
恭者自虔矣維天以定命於其極君子不褻天也而動靜有
恒守焉敦天之命者順則初不違配天之命者幾形而惟肖畏焉
而所恃毋不敬也治又以欽崇者永保矣即是推之秉彝之經緯
不原於天者天思天心亦甚愛斯人矣既畀人以恒性而猶懼
訓來昭式無以為法皆忠劉后王君公承以大夫師長而發禁
是訓是行建其有極盡言盡意情見乎詞有大人焉如帝臨之赫赫
上言焉如天語也聖人作而萬物睹師道立則善人多何異淑秀

命之所當畏者哉而吾乃即鑒觀之有赫忽驗於爲將爲勞之間 乃盡胃語過下
由窮理之實功進察於共睹共聞之地以君子視天下之人本無
一之可忽者而況大人夫大人之與天合德而穆穆明明原從畏 戴天人乃際
中來者也作君師者克相上帝君子凜尊王之義仰辟道之模而
要非徒文貌承之也守經曲而思其原奉儀型而惕其本自用自 闡注精到
專所不安也至於得位行道又其不顯而亦臨者矣以君子視天
下之言本無一之可畏者而況乎聖人之言夫聖言之代天宣教 能融理
而祇祇威威原自畏中出者也先知覺者幽贊神明君子篤紹述
之心歷表章之志而要非徒誦讀將之也明大義而務晰其精闡

瓣墨珠林　浙江

全不徒在言意發明

微言而益綿其緒惟危惟微祈必愼也至於躬躰力行固其不聞而亦式者矣合觀之總一天命之流貫焉依是故天有顯道上有達尊聖有謨訓理若分屬而君子皆躰之以誠由是以盡其性以寡其過以守其道心無外馳而君子乃盡其在我吾能不務然於居敬之君子哉

題後一義

不抹却看句而下截化三爲四格自平正好在中間過遞生動飛惕使整密之中都生異致是能于理境自在游行者　刘巖屋

君子有　汪

畏天命畏大　三句　汪道謙

惟君子能欽天故體天命者罔弗欽也夫天有明命君子既以畏
之者承之則大人聖言皆體天之命者也敢勿畏歟嘗思天有顯
道厥類惟彰而作君作師是彝是訓無非天命所流行者也是惟
精於法天不敢褻天而褻天而後繼天立極體天立教者皆兢兢（提清）
業業而欽桑殫厥心焉君子何以有三畏哉誠以所性之理命之
自天而行之者大人明之者聖言皆不容以荒怠乘之者惟天陰（中有知字）
隲下民厥有恆性不啻諄諄命之矣君子敢勿畏乎繼志述事以（每豎一義堅不可撼）
承天欽若之深嚴恭以自度也存心養性以事天恂慄之至顧諟

論語　竹林書屋

未

而匪懈也默承乎付畀之重而不自暇逸固有須臾弗離者蓋窮

子云先知行方會畏補窮理一層極合

理以至乎命修身以合乎天惟君子能踐形惟肖而予時保之也

以經義貫通具見根柢

已乃若惟皇降衷惟后綏猷大人實天意所寵綏亦天心所簡在

大人兼德位講

者也君子以畏天命者畏之而敢萌褻越之思乎重其德之冠乎

縈括

今古而生嚴憚之心主善以為師也凜其位之統乎臣民而切憲

章之志為下之不倍也其畏大人也實畏夫奉若天命之人也惟

天聰明惟聖時憲聖言固先天而明道亦後天而修道者也君子

程子云畏聖言則可以進

以畏天命者畏之而敢存隕斁之志乎信其理之炳如日星而讀

合

其書務尋其緒尊所聞而行所知也服其教之垂於天壤而闢其

道不墜其潚觀於目而儆於心也其畏聖言也實畏夫宣昭天命
結束全篇縝密以栗
之人也是知小心翼翼而天載通斯成性存存而天理復大人者
天之宗予敬無敢戲渝嚴肅而克一其心聖言者天之文章故奉
為典型齋戒以神明其德苟非君子之知天奚能畏哉

骨重神寒天廟器　陳亦韓先生

言無枝葉肅括雄深視俞桐鄉擬程猶英布用兵彷彿項羽　沈確士師

平還三段以清題而側注天命以醒注意結搆之穩說理之精莫之或先也癸酉南墨無此堅緻亦無此精醇也　倪稼成師

淳自樂齋時文　論語　竹林書屋

樸實老到。無一支詞賸語。積健為雄。俯視一切。張少游

真力彌滿。精神大於身。江靜山

畏天命

君子有三畏　一節　　十四名　沈清

明君子之所畏合天人而交儆焉蓋天人之理微矣天命大人聖
言不可以得君子之三畏哉今夫單厥心者宥密之功所以全其
（振起全神不單寫）
人生而靜之體慎乃憲者君師之統所以會其體物不遺之精蓋
惟明辨以晳鮮有或遺則一念不敢忽斯純粹以精罔有或間而
一息不敢康焉何則世有君子其全體之精神未有不從畏入者
（空擬畏字老）
也以直內者方外而德之所聚聚于存存故主一無適百家而無
（本易語入畏字全融）
一蹤常以嚴毅絕紛馳之擾以勝怠者勝欲而神之所周周于惺
（本外書語）
惺故得主有常百慮而歸一致直以戢兢留天地之心約而言之

鄉墨珠林　浙江

所畏者三天命其首務矣人生莫不本無極之真以全其賦畀君子念形生神發以來相物其在茲矣而前稍自縱逸乎靜與為存動與為察嗜慾嚴而爾室亦虞夫昭事防檢密而幽獨且等乎明禮則理之在我者庶幾不至或瀉矣人生莫不根帝降之衷以隆其寶錫君子念若有恒性以還鑒觀其不遠矣而敢偶自放軼乎謹乎大防慎乎細行戲渝絕而敬天及乎遊衍戒懼至而修省謦於風雷則理之在我者庶幾不至或褻矣君子之畏天命如此而不但已也蓋於穆之命無乎不察故繼天出治身代天行開天明道口代天言而懸與吾性吾命之原有以兼綜而共貫而君子之

不諉天命好

民二語何精神

頂上二語

本天命說下大人聖言

東佳

進下兩股字

君子有三畏 一節 沈清

畏無時不存效上奉宗子志日以處靜對典謨神日以悚而懋與
繼善成(浙上)性之理民其恭若而不違則畏大人又其一也大人亦同
此受中之性而獨為群倫首出之人吾見威儀以定命則範圍不(兼內外說)
過而寤寐守百世之型盡性以達天則率由不越而百王寡一身
之過益不以為在上之望隆而直以為臨下之有赫已則畏聖人
之言又其一也聖言亦祇此天道之徽而獨為群蒙先覺之宗吾(兼前後說)
見作者之謂聖則羹墻可晤而几席儼師保之臨述者之謂明則
擬議得心而離合有神明之契蓋不徒以為學古之有獲而直以為(此比是束題中義)
帝謂之可通已是則斂吾心于彝德之中而天憲凜于日監天語

浙江

鄉墨□□　浙江

深乎勃谿自克完陰騭之始而無間於維皇衷吾心于寅畏之地此比是束題外義

則道德顯而奎璧日昭簡策垂而未心亦復愈以見學問之純而

無慚於夙夜益惟君子知之深是以惕之至也而三畏不從可歲

乎

絕不鋪張門面講題從天命大人聖言上推出畏之所以然來

而每比具有兩義以襯出正面故饒有異采至開講提比能就

題之全理寫出畏之神境尤見空明無障劉裳歷

君子有　　沈

畏天命

穀文沈玉琪

君子達天之學見之所畏焉夫天命人所共凜而畏之者惟君子蓋非有達天之學不足以與此且先天勿違後天奉若旨此乾陽之君子所為與天合德也而要必以敬凜昔為昭事之悅善事天者初未嘗求端于天惟即天之所以予我者兢兢焉無敢失墜蓋其日監在茲也固已久矣何以見君子之三畏哉今夫君子固以憲天之心為達天之學者也且明屋漏之中具昭天則顧聲臭俱無者於穆流行之妙陰陽各正者太和保合之功爭之於其獨淵然有日嚴顧諟之懷焉物則民彝之地動見天心顧事之匪懈者

駿奔對越之誠反之各得者日用飲食之質樸於其常惺然有
時切寅承之懼焉所謂命也天之所以與我者也畏之敢稍懈歟
命以付乎性也維皇降衷之始恒有性焉以賦之而命乃不致虛
懸君子曰吾受此性也而玩忽以將咎在背性然實在褻天矣天
之元有仁焉吾以體之者畏之天之亨有禮焉吾以合之者畏之
天之利有義貞有事焉吾以和與幹之者畏之綏厥恒性不彼仰
推此以入細得畏字真體子
風雨露雷而為是凜凜也則畏之至也命以全乎理也彼蒼付畀
以來恒有理焉以貫之而命乃不同為託君子曰吾得此理也而
褻越以視失在蔑理失究在棄天矣有天秩焉吾以庸禮者畏之

明清科考墨卷集

[君子有三畏] 畏天命（論語） 沈玉琪

有天敘焉吾以惇典者畏之有天討焉吾以章服刑用者畏之彰厥正理并不因吉凶悔吝而為是惕惕也則畏之至也是作靜存以凝其體當朕兆未形早有鑒于天命之不可假易由是義理之命畏之以閑存氣質之命畏之以遷改命有常者畏亦有常而帝謂予懷雖广慵如睹昭威矣雖指視無非靈爽矣抑繼動察以悚其神當觀闕甫接尤有見于天命之不可矯誣由是受中以定命畏在幾微修身以立命畏在視履命不已者畏亦不已而蒞觀常在即禍適尤能順受矣即福汝亦切疑承矣誠中形外畏之體也達化窮神畏之事也中和位育畏之功也不慢天斯不愧

西泠十刻三院會課　論語

天而戒懼之深惟嚴斯慎能承命斯能造命而感通之故無間須臾此之謂達天之學也而大人聖言胥統其中矣

天人合一之原推闡入細故特纖而發昔遺俱拔

畏天　沈

君子有三畏　一節　　十五名　沈廷標

惟君子心無不敬、而求全乎理者無拂、焉。蓋君子固無乎不敬者也、天命有畏、而大人聖言、一本天以畏之。其求全乎理者何非至哉。意曰、自古立君倫之極、而體之為大道之傳、存之為心法之要、亦祇此敬而已。受中有其理、即奉若有其責。而世之作物都而秉彝訓者、要亦凛以履疑之神、應乎立修己之誠、而全所性之理也已。無善是以有思于君子。今夫君子者、固欲合天人于一原、而常應道法之守者也。而其所祇承而不自已者、則有畏焉。斂氣志于無或昏、而不以一毫自蔽者、致繪其清明在躬之素、故主一無適

從至人主敘說

虛〇提〇一〇筆

紐〇出〇畏〇字

帶〇下〇節〇字

引〇畏〇字〇有〇說

嘗惺惺以自恭秉精神于無所肆而不以一端自便者猶聞其莊
敬日強之餘故惕厲惟殷而營乾乾以終日是君子固無時無事
而不畏者也而其所最切者則有三純粹以精者其天之理乎自
二比是先說明天命
人稟之為五常而返之倫紀之地何在而非天秩之經綸化醇
者其天之氣乎自躬載之為五事而驗之形色之踐何在而非天
二比是先說明大人〇參看
性之流而至于本天以出治者道建于上而儀型斯世權馭于下
以撫綏斯民範天下之性情而莫越秉天以垂訓者殫作述之勤
以統承先哲闡文字之奧以昭示來茲於奕世之知覺而靡遺天
命也大人也聖言也三者非皆天理所當畏者哉君子于此懍圖

君子有三畏 一節（論語） 沈廷標

（一此靜上說）不畏也中以立天下之本則心以約而專於于以契無妄之原復以見天地之心則心以退而藏者于以懲不貳之事形方未接之地無間于天理之本然矣看夫清夜而有王（是靜時說）章之惕而儼若不違獨處如臨提命之殷而默識罔厭則所以一神明而閑心志者行（靜中）莫非於未發之天乎不偏不倚而所守不失其斯為靜存之有主而已亦勤罔不畏也（二此動上說）情必順乎其性心以應善而動者于以聯不易之矩事必協乎其則心以謹敬而應者用以達至當之宜日用紛乘之際罔違乎天道之當然矣若夫親炙以（是動時事）仰德容而顯若自矢誦讀以承懿訓而悚惕齋莊則所以消匪僻而杜非幾者何莫

鄉墨珠林 浙江

非凝各正之命乎無爭無戾而靡違不然其斯為順動之常而已若此者惟明生敬精察于天人古今之理而較然不自欺因而積敬生畏力爭于操舍存亡之幾而凜然不自褻君子惟知之明故畏之切有如是哉

亦先還首句虛冒二比只一比照知字一比照畏字少異于人耳中間跳踢清天命大人聖言于前則下面點出畏字自不應再說只合就君子身上照天命諸義作實發以清畏字義耳氣脈流通無尺寸束縛之迹方家也

君子有 沈

○○○君子有三畏　一節　　　　十名 沈清任

切指三畏之實君子凜其幾矣夫天命維嚴而大人聖言皆致謹於天命者也君子凜此三者則亦何所勿畏哉且夫人受賦畀之全稟君師之教未有不審所畏而可自立於天地者也顧識貴觀其大而理必契於微惜獨溯乎真宰之原而交儆其乾乾之念斯心學全而品亦超乎無上矣吾用是思君子君子體二五之精以欽承有位則飭躬育德既極涵養之精純君子建三才之極以敷訓民彝則彰教陳謨又極精神之振動彼其所以勤修無已者正其怵惕維厲之思無時而或息也蓋有三畏焉而首重者厥惟天

命維皇之誕降有恆惟允惟微原責我以無形之顧諟備肅必少
跡帝載其無忝乎君子識命之有赫也兢兢焉是以操之防降非
遙如臨殿陛壇笵可問如佩箴銘蠁吾身夙夜寤寐之間時造一
冰淵之象即中無愧怍而憂危怵悚於神明斯真可為奉若者耶
於穆之凝承有本曰明曰旦常詔人以不盡之提撕儆糾虔稍貸
常鑒其奚逭乎君子識命之不易也懍懍焉畏以持之大觀在上
咫尺無違重巽以申羹墻可見蠁吾心出入操舍之界時屋一神
鬼之防即德已胎融而敬慎彌形其縝密斯真可為昭事者耳目
夫大命者即大人所以體之而立德聖人所以敷之而立言者也

我之危者易墮而命自我扶斯任所不而畏注焉此後欲養者既絕乎旦明則戲豫馳驅皆兹旅于當境況乎命討一秉于天譴詰皆申夫命畏大人聖言亦即此欽若者仰儀型而深體倫觀目皆增恐懼而寧敢竟忽將之歟必俟將以對越示以尊嚴陳以謨訓始動其悚惶之歟則境所不擾而畏將仍弛君子無逸之神明貫乎寂感而方寸有天地即寤寐有羹墻爗性所從出者相偕於出上游衍即合代天覺民者日接於佩服所歎而衣冠瞻視之植與在非蘇雜鎔壑之地惟其盡縱於命型已於人觀行於言各深其惕厲之思則畏有交乘而心無或放乎有覺之德行密於幾微而

貼卷

陟降在上淵則齡獨時憶礼法奉天無違教方戒其亦臨而亦儆
綱夫恭命寅寮者敢不是訓而是行故備仰觀察之際隨在切操
終存蔑之功君子之三畏者如此非知天命而能有此畏哉

畏天命畏　三句　周鍾

君子心無不敬，于天人見其合焉。蓋君子見天于心，而大人聖言無一敢忽矣。斯心學之嚴乎。嘗謂大道在人，與天同原。君子入德，必由主敬。能敬身則知敬天，知敬天而上以尊王，下以法聖，直一以貫之矣。君子有三畏，可得而詳言之也。學無分于動靜，先明其所主而不惑，而存諸中者，莫非祗事之小心。功不忽乎內外，先盡其在我而無媿，而見諸者，無非奉若之寔事。故人未有不畏天能入于聖賢之域者也。君子早辨此矣。居恒自治，寔有幽獨必謹、鬼神可質之學，以之昭對上帝，猶有戚渝之或萌乎。直見天命在心，理則先後而不違，數則吉凶而不爽，其

一起直如懸萬石鐘

側重首句，虛籠有局

與下勢宕軼

天命兼理數

兢業有如此者君子不敢慢天寧敢慢人而大人其尤著者也居恒自治寔有細微必慎兆民不侮之學以之術承尊上猶虞傲忽之或形乎直見大人于心以德則有敬賢之義以位亦有𢘚上之戒其謹凜有如此者君子不敢慢天又寧敢慢聖而聖人之言其尤顯者也居恒自治寔有行不過則言不過辭之學以之諷述典文猶患厭斁之或乘乎直見聖賢于心戀性則有緫述之功開來亦有表章之業其乾惕有如此者蓋宕于常以理義自克其心寧以事哉未形而轂憂危故特與昊天為陟降而有君道以立百王之極有師道以垂萬世之法莫不原于令條共與天下同明其敬慎君子常以嚴憚自省其身不罔道德在

照註根畏天

大人兼德位言

聖言兼體總言

補出畏字本領

躬而忘欽翼故事々與帝天相对越而自處于下不以尊行而加人上自處于愚不以聰明亂舊章無非歸于在己無欺與學者共勉其戒慎此君子之學所為由于主敬而必以敬天為原者也

題面原是三平註意則側重首句成化甲午墨首句發二比大人聖言分講二比極合註意而于題面則未之得也若兹之平中消側醒精法細可云盡善

錢青臣

畏天命

君子有三畏　畏天命畏大人畏聖人之言

第一名　邵嗣宗

審所畏而交致之，惟君子凜天人之學焉。蓋惟有所畏而後成為君子也。列之以三，而天命大人聖言，何一非審所畏而盡焉者哉。且夫人以天人交責之身，而欲表異於恒流，斯貴為之策勵猶後也。而一心之勤毖獨先，古聖賢修身思永，類皆由戒慎之一念所成。惟炳然不昧以生其明，即悚然不渝以持其志，其合內外而固敉者，遂成制心之全功焉。今夫君子之學無窮，而其心未有一日忘所畏者也。顧其源徹於歛修之有要，而務積為乾惕之衷，故畢生謹凜之衷，以來心氣之清，以相於而不愧不怍，恒以承消

斆穆之苦心，密於戒惧之夜，而務絕其神明之疚，故平生嚴顯
之志，即從當躬之體驗以供紹，而與幾與存，每以嚴恪協幽明之
樸於楷所畏，蓋有二焉。今夫維天降衷，命之所以各正也；克綏厥
猷，而繫辭盡其繼矣者，所以立極而牖民也。君子深究夫陰騭相
協之原，而淵然獨溯於性始，則天命在所畏焉，後天何以不畏矣。
命何以無忝，非空言奉若之文也。直以鑒觀之有赫者，臨質於屋
漏之旁，而動靜起居，肅然奉顧，道明威以自勵，由是以存養矣。匪
懈之忱，以繼述篤欽若之義，皆此日監之神所積而凝焉者矣。君
子曠觀於乾坤世處之身，而凜然獨崇其宗子，則大人在所畏焉。

位天德而利見可占相上帝而厥志罔越非徒切尊上之義也蓋
以應天而時行者檢攝其馳驅之念而周旋進止儼然望衣冠瞻
視而生威由是奉律度以為儀型稟典物以昭法守肯此陟降之
威所流而衍焉者矣君子上溯夫幽質神明之用而惕然謹守其
文章則聖言在所畏焉道統開百世之薪傳治法作後王之炯鑑
非徒切尊聞之志也直以開天而明道者默操乎憲廸之權而進
退從違確然奉易象詩書為明訓由是辨危微則聖狂決於當幾
嚴得失則措履占乎无外皆此帝載之神所敬而寄焉者矣若此
著凜儼恪於旦明而此心之無敢褻矣著有以流而不息於焉見

魁卷 許三房

。所見而德位可尊。聞所聞而共謨足式。希天希聖而神志總無蕩佚之虞。事欽崇於宥密。此身之可使立命者。有以推而皆準於焉。觀懸書而禀為憲。發石室而泰為經。事天事人而察識可測極致之學。若小人乃大異矣。

君子有三畏　之言　　十名　查克覺

君子主敬以立誠有統乎天人之全者焉蓋天命爲誠所從出而

定一二句局　定明是

大人聖言皆其克体欽誠者也自有三畏而君子主敬之學以全

先看下句　持上去

崇思道之大原出於天道之全体備於人而歛之於神明寮之於

方寸以一心而統上下古今之量者其功斷歸諸君子君子仰觀

即落君子之畏

表先天而　兼下天說是

俯察而知身心性情之地道必要於立誠亦瞬存息養而知動靜

能明皮膚

去為之閒學莫先於主敬言有畏也厥惟三焉天有顯道厥類維

崇上數合畏字俱不說入他句

彰誠之通也命也君子動而無動天体物而不遺者敬亦主一而

上此屬動此比屬靜

惟皇降衷厥有恒性誠之復也命也君子靜而無靜天曰明

墨林　浙江

而曰正者敬亦念茲而在茲若夫繼天立極而德為聖人尊為天

就搏下老

恰合大人合搏語

子者非大人乎誠為百行之原罔自用罔自專事大君如上帝而

日監之下敬不忘乎憲章至於代天闡道而先知覺後知先覺乃

兩句明亮

亦跟天命

後覺者非聖言乎誠者聖功之本誦其詩讀其書佩明訓如明命

畧原不可移此語係製義精

而顧諟之餘敬即存於祖述天不變道亦不變一息此畏也百年

此畏也約之則視無形而聽無聲天從人亦承天德此畏也

推勘極切

合此□括語

修業此畏也精之則覩諸心而研諸慮蓋誠無不貫者君□矣

行本是行為是訓而心乃以惟精敬無不周合顯微於無間合道

示於高深而心乃以惟一君子修此三者所以全也要非真知不能

也○

開講雖從天人說起知是從畏字所以然來落出君子即從君子身上推勘出畏的境界天命二比以動靜分貼正為誠通誠復作結脚繁收轉畏字實屬精神不用返過即承天字工夫人理言句而繁語尤有斤兩夫不褻二比是統論畏字全理而又虛扣褻狎以不至離乎空衍脈絡最細至于分束域徹二字則固玄挂徹還之密法也○誠是天命大人聖言的根柢敬是畏字的壁壘好在承題內申明而通篇無一處遺漏是善于立局者○多用性理語而不失便由理明而于題合也 劉龍岸

林 浙江

君子有三畏　之言

五十七名　俞鵬

君子主敬之學、天與人皆所畏也。夫天命大人聖言、三者于人心為至切也。君子悉形具畏、非君子之悉本于敬哉。且人自受中以生、而欲盡人以合天道、惟統于敬而已矣。首敬則不敢褻天在人中、屋漏凛神明之鑒、敬則無敵慢人在天中、獨居儼師保之臨、此其理同條而貫、而其敬則併念而有。（嚴毀一率）昔是者惟君子、夫君子者固性自我盡、道自我行、教自我立者也。寄吾形于高天厚地之中、而易簡綱常、身為之係、皆敬為之輿、使其仰愧而俯怍、造物將何所（虛危卻切君子說）寄乎。故我生百年、無一日可以不惕、已即無一日可以不沿心一動

鄉墨珠林　浙江

吾志于出居默處之地。而身心性命。于己責其成寔于淑觀其聚。使非靜存而動察。我躬亦何所憑乎。故一心萬變。無一念可以不

（此句下得本有下二句）

（由知而畏語）

精明。即無一念可以不嚴憚。今夫維天之命。物與元妄。而大人則總天以立極。聖言則開天以明道。一以貫之者也。而吾謂君子之

（流別折）

三辰明正在是。自理乘乎氣。天也。而流為命焉。保合備各正之寔。總善裕成性之原。是古今所共為稟受者也。君子畏之。惕于如見。而如聞。則聳以心。即悚以事。懼其時出而時入。則傾以自寔。惕以

（所以畏故）

神。盡全而受者必全而歸。而先勿違後冷若。欽崇匪懈。天命之性

（清白）

正以有畏而存矣。自德稱乎位人也。而獨成為天焉。羽儀表王國

之光飛龍作萬物之覩是降衷所賴以凝承者也君子畏之凜帝
心之所在則安為下之義而服事者在此情欽天授之聰明則奉
大○人○聖○言○分○說○是○
前事之師而景仰者非文貌蓋在勢分者寧在性分而覲耿光揚
大烈景行勿逆大人之事且以有畏而備矣自道載乎聖言也而
必衷諸聖焉匹夫為百世之師一言定天下之法是陰隲所待以
昭宣者也君子畏之遵誡以修好之意則文章皆見性道而提命
如親体教以脩道之思則傳習即為訓行而表章勿倦盡見其肄
精○字○妙○
背即見其情而尊所聞行所知佩服勿替聖言之精且以有畏而
傳矣蓋窮理斯能居敬君子研極天人則識精者神日聚故出王

游衍天命固為戒惧之本而瞻徳位于大廷凛聖賢于積案無非（合下知得未發）本在躬之清明以惕如神之志氣何嘗強持其震動而恪恭莊敬自能日強君子功深祗慎則理察若養自純故形惟肖天命既有流通之趣而百王亦引為同心六經且自我作古（纖入裡語）無非由夙夜之宥密以至緝熙于光明原不虛存其戰兢而惕厲君子之三畏蓋如此

首句二比不預侵下面最合虛冐體中三比各逐層義都能探出畏之所以然後比作束補出知意自是一定好在歸縮畏字有工夫也。刘戩崖

第十六冊 卷四十八

君子有三畏畏天命畏大人畏聖人之言

壬申薦卷　紀昀

君子居敬之學由畏天命而類及之也夫命原於天大人聖言皆其所見端也臚列三畏而君子居敬之學有獨重耳且夫人心本至隱耳而神明分捋於有象則直可悉數其中藏之所畏蓋念有專注奉若時糾於昊明而端有由呈嚮即並生其乾惕其統舉之而無敢有佚思者亦類及之而總歸於立命也已君子窮理之學既已不昧其清明之本原而居敬之功因之不生其幾微之放肆宥密固寧謐之區而兢之以有所凜則豫豫若見其危極危情之所往有不忽於此而並不敢忽於彼者曲為

摹焉而君子之衷懷若揭爾室亦寬閒之地而臨之以無可欺則在在俱形其歉念之所恃觸於是而然更緣是而又不得不然者歷為指之而君子之戒懼多端言其所畏蓋有三焉自天奉不能已於斯人而有是形即有宰是形以賦之者曰命君子靜與為涵声色臭泯不啻屋漏之際有監覌動與為契戲豫悉捐不啻陟降之中有对越其畏天命也有如此若夫体天法而欽崇永保則大人是已五服五章天所以命有德建極錫極天所以爵有位君子即吾而弗畏是弗畏天也畏天即不得不畏大人矣至若繼天立教而盡性復初則聖言是已三代以上

明命之權在君相三代以下明命之責在師儒吾子曰吾而弗畏是弗畏天也畏天則又不得不畏聖言矣蓋君子之所畏可分而觀亦究類而及之者也維天之命於穆不已而帝謂云適則聲臭亦虞其或偶故五德遞嬗衣裳垂日月之章一歷象天河洛闢圖書之秘君子小其心焉若疑承而由天命而分見於大人聖言顯微一理畢生祇此敷陳之交深人有秉彝本乎天性雖踐形維肖而戲好究參於同原故聖聰範物人世祇以代夫天工並說著書先覺祇以啟夫後覺君子密其心焉為積拜而由天命而類及於大人聖言內外互度方寸總此一元之誕畀此君子居敬之學也

君子有

君子有三畏畏天命畏大人畏聖人之言　十五名　秦大士

君子主敬之學由天而致嚴於人焉蓋君子無不敬而天今其至重也大人聖言即本畏天者畏之約此三者而主敬之與嚴矣此吾性涵命之理其散而布焉者必有以統攝之而精神聚焉然入乎道心而微者入乎人心而益危惟迥乎性始而理有大原觀其會通而心無少懈蓋自古聖賢終其身罔不在憂患中也今夫君子之學所以合天人而一貫者其畏至深切而著明矣不愧不怍暇豫自流於俯仰而以語理欲之界在微茫則析之真而正不以暇豫見也而方寸乃不勝怵惕之隱不憂不懼泰定自驗於身世

而以語曉籲之凝其真宰則察之精而正不以泰寬竟也而夙夜
乃叢生嚴憚之情原其所畏盖有三焉其一則畏天命上帝篤生
之意不敢寬也五常可行實踐之而見為難勝得秀最靈必有參
乎其治者矣君子默參於塞体帥性之原而視聽踐乎陰陽懿義
御乎彼紛爾室而如臨上帝焉慾論之嚴即以當重巽之中也無
事稟法度而加虔矣繼皇陰隲之恒不敢失也修吉悖凶顧諟焉
而穆乎如在其為莫致必有條乎其初者矣若于隱握乎秉樞
復之致而存參不懈其修天壽不貳其志且明而時如臨如[illegible]
恭之嚴所以樂驕觀之赫也無事論儀鄉而越悟矣且夫天體物

而不遺命流行而不息彼蒼仁愛斯人者至矣而復樹之帝王師
相保之尊臨陳憲使天下萬世率履焉而無敢軼其範圍者豈天
垂象而辭其權哉蓋物生必爭無以統之則必爭物生必蒙無以
發之則參晦作之君所以體天而立極也作之師所以開天而明
道也君子既畏天命而大人聖言爲得不凜凜乎豈天聰明而聖時
憲大人之禮樂刑政則遵物軌示之號威乘以號倚擇權而當王
蒞觀羣子崇以德亦崇以分殊而奉爲制度可寡革野之過衰鉞
所欽遺德之華以祗承天道者承之敢干大典以取戾哉顧時敢
而元命彰聖言之崇卑效法本鴻濛自剖之淵微加以修明立說

魁卷　第十房

而其潰大光君子秉其毅即貞其志謹而猶勗淵源適前聖之薪得緒述貽徽察之典則以奉若天道者恭之敬蔑舊章以自用哉凡皆本其畏天命之心一以敬焉者也始於一念不敢棄天而服教凜天威之鄭重展禁儼帝謂之丁寧兢惕以自強不息終於一念不敢褻天而憲章則爲天之功臣祖述則爲天之肖子慚赧於知命不畏君子畏此三者敬合也

君子有三畏　一節　　秦大士

君子主敬之學由天而致嚴於人焉蓋君子無不敬而天命其至重也大人理言即本畏天者畏之約此三者而主敬之學嚴矣且吾性吾命之理其散而布焉者必有以統攝之而精神聚焉然入乎道心而微者入乎人心而並危惟遡乎性始而理有大原觀其會通而心無少懈蓋即古聖賢終其身罔不在憂患中也今夫君子之學所以合天人而一貫者其畏至深切而著明矣不愧不怍暇豫自流於俯仰而以語理欲之界在微芒則新之真而正不以暇豫見也而方寸乃不勝怵惕之隱不憂不懼泰定自驗於身世

而以語踐履之歟。其真宰則察之精。而正不以泰定寬也。而夙夜乃叢生嚴憚之情。原其所畏。蓋有三焉。其一則畏天命。上帝篤生之意。不敢寬也。五常百行。實歷之而見為難勝。得秀最靈。必有承乎其始者矣。君子默叅於塞体帥性之原。而視聽踐乎陰陽親義符乎秩敘。爾室而如臨上帝焉。然瀨也。敬即以當重巽之申也。無事凜法度而加虔矣。維皇降之恆。不敢失也。修吉悖凶。顧諟焉而謬乎。如在莫為莫致。必有蓀乎其初者矣。君子隱握乎乘除性後之故。而存養不懈。其修夭壽不貳。其志旦明而時如臨女焉。篤恭之嚴。所以凜鑒觀之赫也。無事誦箴銘而起悟矣。具夫天体物

而不遺命流行而不息彼蒼仁愛斯人者至矣而復樹之帝王師
相俾之藝極陳常使天下萬世率履焉而無敢軼其範圍者豈天
至是而辟其權哉蓋物生必渙無以統之則必爭物生必紊無以
教之則終晦作之君所以繼天而立極也作之師所以開天而明
道也君子既畏天命而大人聖言烏得不凛凛也天聰明而聖時
憲大人之禮樂刑政即造物顯示之明威秉以時位持權而當王
益貴君子崇以德亦崇以分怵而奉焉制度可寡草野之過褻鉞
咸欽道德之華以極承天道者承之敢干大典以取戾哉圖疇啟
而元命彰聖言之崇果效法本鴻濛自部之淵微加以修明立誥

而其道大光召子奉其教即貞其志謹而循焉淵源通前聖之薪
傳繼述貽後來之典則以奉若天道者奉之敢蔑舊章以自用哉
凡皆本其畏天命之心一以致焉者也始於一念不敢棄天而服
教凜天威之鄭重展卷儼帝謂之下寧總惕以自强不息終於一
念不敢褻天而懼童則為天之功臣祖述則為天之肖子漸臻於
知命不憂君子畏此三者故全也

君子有

先正不作綱句此為參酌淨妥平

君子有三畏　一節　順綱題　高恒懋

君子以畏存其心，歷指之而天人一矣。蓋天命為心之始，而大人聖言則所以明此心者也。君子寧不以是而自畏哉。且夫人心之不可（呂云振知字涵全局五十一字高妙）無所畏也，豈特君子為然哉？惟君子能于一心之中明天人之際而即以其用之者畏之，則體立于至嚴而功得其無已。昌言之，夫既以為君子也，則必其仰無所愧，俯無所怍者也，何畏乎？（呂云首句脫略，不得似此入手者妙）然必于無畏之際而常有其畏之之心，則德業始為無間。（確警）抑君子之有畏也，則必其（呂云子一句）無事不畏，無人不畏者也，何三畏乎？（子人每不做，亦無此光燄）然必于無所不畏之中而能乎可畏之大，則學問始為有據焉。故為直指之：一曰畏天命。天命之

明威也人以為可畏也而君子則畏不以其威而以其理思夫我承
句中有實事在　呂云有如字義在
天命而無所以合乎天命則欽若之謂何惟是幽獨之難昧而遂無
乃是畏天命不止是畏天
在不嚴為臨汝則夫明旃相承有非嚴翼之所能盡者矣一曰畏大
呂云二句跟合命句始註
人大人之承天以治人也人亦以為可畏也而君子則畏不以其權
而以其德思夫我亦學為大人而無所以遵乎大人則恪共之謂何
惟本常謂之同原而遂無在不欽為儀型則夫制作相守有非祗肅
之所可竟者矣一曰畏聖人之言聖人之法天以立教也人或未必
皆以為可畏也而君子則畏不以其文而以其道思夫我亦欲為聖
股一腳嫌寬地
人而無所以述乎聖人則佩服之謂何惟原亶錫之神明而遂無征

冰眾之　士其　一北宛

不宗其謨誥則夫刪贊相通有非倣若之所可窮着矣是則君子之

心所以獨有其畏者惟其能致知也此處出知字好下節是不知以窮理為居敬之原斯幽明共

嚴于有覺抑君子之畏所以獨得其大者惟其能達天也歸重天字得于出存息

旦明之體斯臨保一本于無私此君子之三畏也安得人人而有君

子之畏乎

通章重知天命句知字是畏字根苗天命是大人聖言主腦王守

溪所以直提出做為有膽識此作脫化精細却又金針不度可謂

善學柳下矣　呂晚村

步步踏藏下節知字于理為有源于題為得體　注易齋

今文大小題商　下論語　百五三

震川作直不作首句以小講當首句位分也近文更作二股是首句正位非也提發之比前有起則後必有束了不是正位所以可少不可多宜簡不宜繁以其于題句無專主之位也今又變而為輕點目句以下直揭發二大比則為武斷不循題吾不知之矣

君子有　高

君子有三畏畏天命畏大人畏聖人之言　十八名　孫道周

推畏之三於君子、歷舉之而心如見矣、蓋惟其為君子是以深懼
有三也、曰天命、曰大人聖言、不可歷舉之以見其心哉、若曰天下
惟坦然者不自見為坦然也、雖無危行而不能無危心夫心何以
日居於危、進脩所至常挾省愆之意以俱深而幽與明交稱顧命
與古共為箴銘而論之就業不如在目前取夫無危行者君子也
不能無危心者君子之畏也畏生於敬君子敬為德與而朝乾夕
惕常若有戰焉以執之故操之而人見為有餘者約之而自見其
不足見不足斯畏矣畏生於誠君子誠以成性所勿二勿三時懼

有物焉以雜之故無一意之不實者斯無一意之不虛無不虛則
畏矣統言所畏蓋有三焉其一維何厥惟天命夫天命者天爵所
由崇懿訓所從出也君子受秉於皇穹垂惘惘焉而自棄厥德而
弟忠幾康所勅纖悉之顧諟不嚴早為明威所不忽戒無時不深
奉持之念即無時不深隕越之虞欽若之開懷凜如肸蠁之明禋
也且夫大道遠而人道邇敬人即所以敬天大命隱而微言彰立
言正所以立命貴貴者天之經而況良貴後操於在上君子曰是
大人也可勿惕諸守其常分不敢隕越以貽羞懷其典刑毋俾允
迹之叢集蓋斧鉞之凜也而儼若雷霆之勅矣此一畏也聿修者

天之德而况訓德已灼有明徵君子曰是聖人之言也敢褻視諸吾曰敬夫子臣弟友尚恐未當於飭紀之心誓力絕乎邪遁詖淫猶虞未協於反經之論蓋古訓是式也而恍如帝謂之通矣此又一畏也示不以有形而忽無形之規曰旦曰明俱臨祗懼不以無形而失有形之鑒尊爵尊德悉載精誠蓋惟其畏之也周故分而視之在在引為檢身不及之助而作德而無瀆惟依者斯去偽而亦無疆惟恤凜上帝之眷佑攸歸則怵目儆心則々不啻其赫々思於穆之流行有寄則心維口誦有聲實倚其無聲蓋惟其畏之也齊故合而觀之隨時俱有在茲日監之神而蕩平績而備陳悉化

若正憂虞甚而險阻彌多此所謂無危行而不能無危心也彼小

人又烏知所畏哉

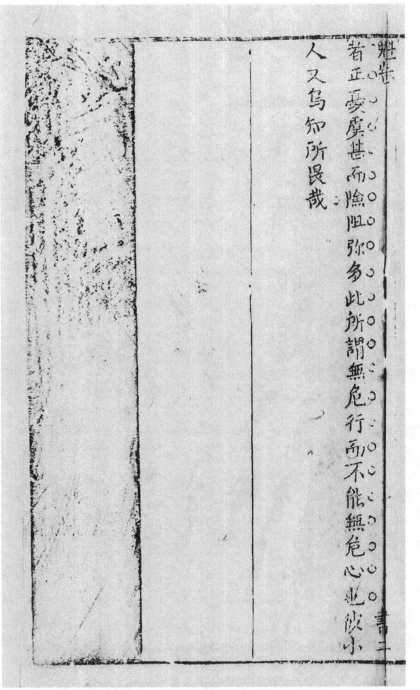

畏天命畏　三句

己酉陝西元　孫龍竹

君子深明於理之所在，無往而非其心之所存也。夫天命人以理，而大人能全之，聖言能發之，心明乎此而畏存矣，此之謂君子。蓋（起能截）人自有身而理具焉，維皇之所誕畀者，其責至重，則夫備此理與傳此理者，其所寄亦不輕，吾以藐焉中處之身，塞其體而帥其性，而且瞻儀型之在望，聞至論而儆心，其容以漫然乎哉？則君子之三畏，吾可歷歷指之矣。自理與氣合而天命立，形質之表無不載降衷之良，仁義禮智固期于肖乾坤之德，（照下節）而大至成之功，天命之隆也，寧獨君子哉？而君子則察之精矣。有人則有天，於穆者在覆（說得悚切）

載（以當畏天之故以自儆）即在吾心有性則有命靜後者在生初即在畢世夫是以靜而存之而衾影亦切鑒臨也動（畏之學該括）而察之而日用咸照帝謂也無敢戲渝無敢馳驅存心養性以事天修身不貳以立命而嚴容無間者蓋不徒奉若之文矣則一在畏天命德與位兼而大人名爵秩之崇名符乎寵錫之貴綏猷建極固已作萬物之覩而立百世之坊大人之巍巍也寧獨君子式瞻哉而君子則識之明矣其大以位而倚畀者在朝廷其大以德而維持者在宇宙夫是以凜其威規儼（串入天命）然無愧賦予也仰其教化君然能亮天工也示民不佻是則是儆與並來茲則中心切利見之思景仰維殷則追蹤有弗及之懷

而謹凜不違者蓋不徒欽崇之迹矣則一在畏大人教以修道而聖言著大義之嚴俱載于簡編之內典謨誓誥用以昭統緒之精微而廸斯人于正直聖言之煌煌也寧獨君子宜佩哉而君子則見之悉矣其為訓道之言而守先待後待有匪易其為經世之言而開物成務責任攸弘夫是以有志于希聖闡緒論而悟皇降之本原也畜德于前言探旨奧而識太極之流行也聖謨洋洋嘉言孔彰學聖而未能則此生難憮虞惕因言而自警則動靜時切憂勤而奉教維謹者蓋不徒誦讀之末矣則一在畏聖人之言要之所明惟一理而所存惟一心君子哉

局正辭醇氣度冲夷不必有意求奇而自遊於彀中

畏天命畏　三句　盛度

能敬天者、兼能敬乎體天之人者也、蓋維天之命、理之不可易者、大人為能行之聖言為能明之君子安得而不畏之乎今夫人○無非天所生者○即無一非秉天之理以生者也○顧其間○有體天以立極之人○天而斯理賴之以行○斯理賴之以明○非天之獨厚于其人也○止此不敢不敬天之心、為能無負乎天所賦之理○而審其理者○于以奉為心傳而莫之軼焉○此君子所以有三畏也○所畏維何○一曰天命天予人以（真○勇○有○力量）形○而形固所以載其性者也○天予人以氣而氣固所以運是理者也○然而形氣日私○能無○失○乎○天○命○之○本○然者○古○今○不○過○數○人○耶○惟君子窺乎其原○命之微者○在物與無妄之始○見天之初不岐于人○命之顯

者在各正性命之後見人之不可離乎天烏容恝置之歟故怵懼乎不覩不聞之內慎察乎莫見莫顯之交靜與為畏也動亦與為畏也

以畏作主從上文君子有三畏來

是君子之神明儆乎天命而非徒假天命以儆者也使素無奉若不違之思一旦強制以為功縱無從欲之危亦必少從理之漸矣而茲之畏之者矣諸念而不息積一生而匪懈凜凜乎與天命為終始也惟君子有焉一曰大人大人同此性而盡性則居首出之位也人同此理而理全則推天縱之德也然則德位兼優能體備乎天命而靡遺

前後串絡一筆妙手

無痕

者天下所貴有大人耳惟君子察乎其實大人之覺物者無非在物之則既各率之為性大人之理民者無非為民之彝復令修之以道烏容藐視之歟故仰承乎王公卿尹之側如置身于父兄師保之前

貴固可畏也賢尤可畏也是君子之夙夜惮乎大人而非徒對大人而後惮者也使素無就正有道之志一旦勢分之是懼縱有奉上之文亦實鮮儀型之益矣而茲之畏之者對大賢而與臨質幽獨而亦式赫赫乎與大人相則儆也惟君子有焉一曰聖人之言言以明道而道之大原出于天也言以垂教而教之立則依乎命也然則道教修明能闡揚夫天命而不悔者後世所貴聖言耳惟君子明乎世要聖人所詳言者千萬語之多而吉初不易聖人所約言者一二謨之少而理亦無遺烏容忽視之欤故佩服乎斷簡遺篇之內如親炙諸耳提面命之間近固可畏也遠更可畏也是君子之志氣惕乎聖言而非僅見聖言而後惕者也使素無體行聖言之實一旦誦說之維

勤縱有好古之名亦必無敏求之功矣而茲之畏之者載籍之遺文為性情所默契殷殷乎倒敘君子有三字有數精之勢與聖言曰參稽也惟君子有焉此三畏也而誰則知之

此與三戒九思竟不同三戒九思專說用功此指成德言之與小人際際對照篇中非徒假天命以儆等語講得現成最脗合　儲同人

南場五魁卷出外論紛然愚獨謂元作博大有海涵地負氣象未可輕訾也及閱通場墨竟未見有卓然過之者　張閣成

上文明喝有三畏本題明排三個畏字畢竟三平正格也王文恪公制藝為此道開山獨其鄉墨首義予生平竊不滿之以其獨重首句過于照註反失白文本位也前丙子章于野作有古茂之氣

多裝前後四比。若立格無𢇁。而詞氣壞𧙕。竟覺後來居上矣。

畏天命三

盛

君子有三畏　一節

雍正壬子浙江　三名　許時杰

存心莫要于主敬、君子、合天人而交畏焉、蓋存心所以事天也、大人聖言皆天命所當畏、君子三畏所以交致乎、且自人受天地之

銘鑄全題精瑩超采

中而作君與作師並列人生聖賢之後而希聖與希天相因是故

帰重天命

以心事天而惕厲靡寧、即體天於心而覲闡如遇斯日用皆徹心之勛古今皆修德之資矣、吾思人心有覺之靈原與帝載通往復

合籠三項仍以天命作主

故綏之為猷修之為教者皆體大道以示準繩、名理流行之用寔與方寸相蘊涵故無敢戲豫無敢馳驅者又當繞道法而深乾惕

合知字入

吾觀君子蓋有三畏焉其體事皆在者既燦著于古今上下而莫

領句語簡鍊名貴

可遺其隨地常嚴者自交惕于耳目心思而莫可懈則莫大于畏
天命矣天有顯道厥類惟彰命固人心之所自具哉君子曰此物
則之恒也而危微辨焉矣以閑邪存誠者謹其幾以戒欺求慊者
貼畏字緊切天命
體其寔養之于存持之于發閑之于外保之于中殆無時而不奉
天載以周旋也已一則必畏大人焉作天之宗子憲天之聰明大人
照註大人與言俱跟天命來
固天命之所由凝承者哉君子曰此治法之宗也而心學資焉矣
緊切大人註畏字
以必信必從者寡其過以是經是程者檢其身德與為率禮與為
仍抱天命
遵政與為從法與為守殆無時不若上帝之監觀也已一且必畏聖
人之言焉代天之無言體天之至教聖言固天命之所由昭宣者

哉君子曰此謨誥之文也而性功藉焉矣以晰疑剖義者究其微以守先待後者持其正異不能遷邪不能惑隱不能襍怪不能蒙殆無時不若帝謂之諄復也已盖王猷聖訓之垂原不外帝則之昭察彼大人聖言固已綜天出治體天明道以建極于前古後今之際君子奉天命為統宗而稟其成憲無非範其身心資始資生之理原即寄于人事之裁成故事天立命必合上而君相下而師儒以交體乎易知簡能之故君子奉大人聖言為模範而全其性始寧敢懈其心箴信乎非君子不能有此三畏也然非知之明而何以畏之切乎

緊切聖言詮發字

二比收束一比將大人聖言縮入天命一比將天命包括大人聖言精力百倍

從題義穿心穴脅而出滌盡浮詞卻復昌明俊偉可以程世　本
房華劍光先生

精神團聚簡當切實逼真歸胡法派　鮑藩宣

黃勉齋謂敬字之義惟畏足以盡之提出主敬為畏字探原最
為有識以天命作主體平意側於題理題氣亦後兩合也章法
起末用總說以還首句妙在總說處抗定三項無一筆空衍中
間切各句分疏畏字十分精透針縷密而格律嚴此題第一傑
講　唐端士

峻煉歸於自然精實中饒有清矯之色九轉丹成之候　秦季封

畏天命畏　三句　　三名　陸廷璧

由天命而遍詳君子之所畏、深識其當畏也、蓋惟識天命之當畏、而大人聖言亦所必畏矣、非君子其孰能之、且吾所謂畏者出于心也、而實本于天也、畏出于心或為一己之私、畏本于天乃為斯理之正、體明乎理之所在、則凡天之所授于我與人之克全乎天者、皆有所臧懼而不敢褻、吾思君子之三畏、其首畏乎天命焉、夫天命固賦畀（天命各有實際方是真學問每段中俱有四小比）準均者也、理乘乎氣、耳目之微、天各命以當然之道、而非虛器也、物必有則、君親之大、天各命以不易之經、而非虛位也、君子默識乎天命之當畏、肅以哲謀、天之所以命我者甚全、未嘗稍褫于作覩之人

而奚容自處于虧乎仁敬慈孝天之所以命我者甚厚未嘗稍異于

其當畏也何如

生安之人而寧敢自居于薄乎椓之于未動察之于方萌凜凜乎無

一時之不出于昭事也已由是而畏大人焉夫大人固首出庶物者

也政教之立式于九圍奉天命以建會歸之極而非剏為也禮樂之

大人必本天命來

興傳于奕禩體天命以垂永久之模而非矯作也君子灼見乎大人

之當畏持行視聽天命我以當踐之形我則欲踐焉而未能大人何

獨自踐其形而又有引人于踐乎仁義中正天命我以當盡之性我

大人說得極妙極醒

則欲盡焉而未能大人何獨自盡其性而又有以率人于盡乎尊之

為元后奉之為至神惴惴乎無一事之不出于敬承也已由是而畏

聖人之言焉夫聖人之言固儼型百世者也典謨之訓著于明良一二言已足洩天命之蘊與而非簡畧也爻象之辭成于作述千百言止以明天命之精微而非繁雜也君子洞晰乎聖言之當畏綱常名教天命我以重大之責我雖言之而不盡聖人何以言之甚約極天下之求工者而莫能越乎日用飲食天命我以尋常之理我欲言之而不能聖人何以言之甚庸極夫下之好異者而莫能易乎循之為矩矱珍之為蓍鑑兢兢乎無一念之不出于恪守也已然則大人聖人皆天命中人畏大人畏聖人之言皆畏天命中之事君子知之矣

聖言必本天命來

聖言說得極妙極醒

局精當意綿密語親切非虛文套話

畏天命畏　三句　　五名　陸緝宗

列言乎敬之學尊一天而已有全功也蓋天有其命則大人聖言皆深之矣君子一上而畏之功之所由獨全也乎且以君子而任承天

緊適深然

之責則終身之究闡而罔斁者學也而一心之操存而無間者敬也敬敬以奉天當專求之天而勿失而敬以合天尤當參求之人而弗遺則功雖出於分謀而理實歸於一致義有非君子即不克與幾者

撇下意

「吾子之三畏其何如我心之旦明而昭事者天也然天事遠矣抑知正有其不遠者存諸身而鑒諸世何弗可忽其嚴翼之修且我心之夙夜而糾虔者亦天也然天道隱矣抑知自有其非隱者性可見

落〻正當不作細柳

癸酉鄉墨一選　江南

而道可循何在可寛其恪恭之業君子不常畏天命乎不又嘗畏大人畏聖人之言乎自天以斯理畀於人而大人即以表建極之謨聖人即以彰垂世之教其理本非有二也自世有輕視之者遂相率而謾之曰命矣君子惟重視之故以命為生平之學所存也乃常奉若而不遺而更親有道而日切其觀摩繹嘉言而實見之率履盖畏祇存一心而合內外而咸惕已若分著之而有三也君子哉何其係人[illegible][illegible]也在人以斯理合乎天而大人則言有物而行有恆聖人則述[illegible]聖而啟來學其理未之或異也自世有淺視之者又相習而置之為命矣君子惟深視之故以命為聖賢之寄倚歸也乃常持循而罔

打成一片正以看理完徹

矣而後近正人而益闢於執物闡上言而愈進于高明蓋畏亦僅矣
一念而貫終始而不息自可析指之而為三也君子哉何其深人御
止也然則君子其法天之君子乎而止言天而理或近於虛無故畏
大人以作之範奉聖言以正其趨而後天不在乎於穆流行之際而
語之切矣方其吾儒極功
作乎遠求近法之中也所以世有君子而吾道始徵其有濟君子又
合天之指示乎而後言天而理若非所關有敬尊大人而欽其脩道
之躬佩聖言而晰其傳心之要而後天不託於窅漠無為之域而託
於窮理盡性之功也所以道有君子而正學始獲其真傳此君子至
敬之學也

癸卯鄉墨選　江南

○○○○○○○○○○

全文稍成一片都又言上分晰

畏天命　陸五名

君子有三畏　一節　　陳師儉

理以畏而存，合天人而交儆焉。蓋惟君子為能用畏也。奉若靳天命，欽承者大人聖言，能無畏乎？且聖賢之學，主敬為宗，而況以身閱歷天人之際，未有不戒謹恐懼而能寡其過者也。蓋上帝之鑒觀不遠，形雖隔而志氣如通；君師之作則非遙，跡雖疎而精誠如覿。懍仰而承者惟此一心，則嚴而憚者于以終身矣。其惟君子乎！蓋君子有自得之境，仰焉而于天無所愧，俯焉而於人無所怍，坦然至適之下，何畏之可言？而抑知不愧不怍之形，正其常若有愧怍者惕于中也。君子有自樂之心，理全于天而中無可憂，氣伸于人而中無可懼超然物我之外何畏之可名而抑知不憂不懼之心正由常存夫憂懼者密其功也為稽所畏蓋有三焉今夫天之去人遠矣而原其理具于心則甚近是天命也而全此天命者則為大人闡此天命者則為聖人之言誠念夫所性之德一一皆上天所賦畀也則方寸之內即為天心之所流貫苟一息不與為存養則非獨自失其性且并自棄其天也惕惕乎戒懼以將之不睹不聞之地無非曰明曰旦之秉而烏不畏于靜誠念夫吾心之理一一皆上帝所降衷也則推行之下即為帝載之所分流苟一端未極其擴充則非獨于理有所虧即于天多所褻地兢兢乎儼恪以承

之一言一動之微時存亦臨亦保之意而烏得不畏于動至于大人繼（須跟天命來）天以出治功德並茂爰以天位崇之則畏、天、命、者敬不畏大人乎徵特尊卑分究定肅在下之心愚也且位在德先其尊為顯上者又出乎爵賞刑慶之外勸懲天之象不以遠近而有從違甚下大人亦無殊對越上帝焉耳至若聖人開天以明道要訓是趣且以帝訓奉之則畏、天、命、者敢、不、畏、聖、言、乎無論謨誥昭垂可示後人之模楷也即微言大意其示儆訓行者亦無殊父兄師保之臨凜在三之義豈以今古而殊敬息其于聖言亦不啻（仍歸到畏天命）欽若昊天焉耳蓋尊之至者畏自生君子欽崇乎天道敬信乎大人恪守乎聖言視天下之至尊者莫踰乎此尊之極而崇奉之下自不勝悚惕之有加也亦觀之至者畏自起君子體天命之全備大人之業佩聖人之教視天下之至親者莫踰乎此親之極而愛慕之餘特覺戴親之莫解焉非知所畏之君子能若此乎

貴親三義最佳

三畏發得深切已入題竅至以大人聖言限定天命觀下文不知而不畏也玩一也字便見天命當重佈格命法前子中權後勁皆能鍾鍊精警[illegible]

君子有三畏　之言　陳萬策

聖人論所當畏者而舉君子以為訓焉蓋天命當畏而大人聖言即同此理也君子所畏如此學者其可不取法乎夫子意謂志於學者以主敬為基純於敬者有存心之要然非見理之明則無以超然獨觀乎本源之地非辨道之審則無以卓然獲覩夫正大之歸故必推成性所由來而極乎脩道立教之盛一一謹凜於吾心焉則居敬之道得矣曷觀之君子乎學以達天為至而天之理即吾心所皆備太極之蘊二五之精虔於昭事而相為感通焉則制心也密矣學以希聖為期而聖之理即吾心所同然德位之隆謨

訓之著望為依歸而得所師資焉則檢心也勤矣其所畏者蓋有三云論人之所受則天命為最全其因生而畀者為生民之大原其流形以示者亦無言之至教君子惕念于大廷警心于暗室曰明曰旦之思恒不忘焉翼翼乎有臨之在上者也可勿畏乎論人之立極唯大人為最尊其贊化育以成位則先天不違其作君師以垂謨則後聖可俟君子奉大猷為矩度尊先覺為典型是則是傚之意恒不釋焉兢兢乎有示我周行者也可勿畏乎論世之所傳則聖言為最遠其闡乎天命者窮性道之精微其述乎大人者立聖哲之模範君子幸覩經之未泯美嘉言之孔彰誦詩讀書之

際如相對焉凜凜乎有耳提面命者也可勿畏乎夫其畏天命也非徒祇懼而已也必思所以不媿於天必思所以永言配命至于學上達而天知我性既盡而命可至而兢惕者常矢以終身夫其畏大人與聖言也非徒崇奉而已也必思所以景仰乎前修必思所以服膺乎往訓至於為時利見而德有其位為道垂教而德有其言而欽承者愈勤於夙夜此皆學者之所當畏而唯君子能之亦取法於斯而可矣夫君子何以獨能畏也唯其知之故也

經籍菁華臺閣氣象　張得天

映照皆有至理後補鞭辟功夫方是畏字寔際至于華贍閎敞

太史家業

寔為館閣文雄 李立侯

君子有

〇〇〇君子有三畏畏天命畏大人畏聖人之言　四名楊有涵

所畏有全功合天人而一之以敬也夫理無不在則敬無不存天命大人聖言君子豈敢一息弛其畏哉且敬也者合天人之學而作聖之本也內以全其所賦而乾惕倍至有以復乎有物有則之良外以蹈其所接而懿哲所臨無敢懈其是訓是行之念則神明之內思忽不兼而戒慎之功乃以立隆於天下今夫君子者固終其身於畏者也造化之理自流行於人心飲食寤寐皆有昭昭若臨之在上而儼禀焉以通陰陽之宰則民秉是彝而物則非虛道德之純本條陳於今古目擊耳聞莫非師保若賢之在旁而臨

業焉以會人極之立則風規可欽而謨訓是式列而言之其目有三則有宰其源而畀之者無極之真默相為授其理具于陰陽五常之性盡物而予其端見於日用是人所得於天之正也曰天命則有備其理而畀之者為天所首出之人而立之準者同已溥其德施發天所未洩之秘而開其先者天已尊為教術是人所視以希於天者也曰大人曰聖人之言夫然而君守之畏之也豈虛捐為奉已哉則於已必務其初於人必符其則於靜專致其養於重交忠其功求天於莫可究之境而不知已之事皆天也曰明曰旦無一物之有遺而皆備於我者反身以誠將衍出王無一事之不

體而相在爾室者戲豫必絕故一舉足而閑明臨深淵之時則謹聽言動無成稍越其閑一動念而繫元亨利貞之後則仁義禮智無容少蔑其分而顯之焉似之而不違者亦曰無然畔援無然歆羨置人爲分以外之事而不知人之盡即天也天實之質出而定極於斯世則尊嚴之意泊然而生悲憫之懷追而欲追於聲臭則教令之承肅然而起敬畏中綏獻止盡節宣之能而顧帝則者亦儆天威闕天明道但抒所性之經而遵古訓者惟願明命而斤斤焉哉之而惟自者不啻言示之事言擬其耳提漏之地豈非恪事之時哉君子亦不於靜時忽也仰然未發之中

極之體而

春二房

行之為龍德之純粹之為不言之化者默與萍於無備無備之地
而參贊帝王之全功畢以欽之意並之開而嚴恭之象凜乎其不
稜乘應之來豈非天則之至哉君子正不於動靜際也喜怒哀樂
之節順乎五氣之布而禮樂以濟發其心詩書以承生其趣者顯
相欲於率由不愆之內而天人作述之盛業悉以協諸體備之際
而清明之宰抑然其自下是故君子圖終其身於畏者也而其功
必自知始

○○○君子有三畏畏天命畏大人畏聖人之言　十七名　黄景

約舉君子之所畏、本敬天之學而有者也、蓋天命者、所稟之正大人聖言、皆默相而闡明者也、君子之三畏、非敬天之一念致之乎、

且君子之為學也、莫大乎敬、敬也者、統上下、合存發、而天德王道一以貫之、而要其慎修弗懈者、則以敬天為統也、蓋昭事嚴而凡奉天以示範者、皆式凜于一心、而執業之至意、固有可循而約指者、今夫君子、惕法天、以合大人之德、傳聖人之教者也、繹其所畏蓋有三焉、慎獨之功、常存于夙夜、即俯仰無慚、而其時歷斜廢者自命天人、而交惕、而降衷之凜、尤然於隱微、雖帝載可通、而其固

魁卷　紫五房

題卷　紫五房

敬急進賢之君師而加歎其一在畏天命敬存以還降衷之理似無媿以秉彝之無忝實一已之操修而真了乎出王心度游衍必欲推恐寂慮之際稍貢于匪彝則非有嚴恭之昔而矢禋懼以淵衷操不敢曰明曰旦之懷既無歉乎賦畀之良亦何必以明述之顯謹烱宥密之[illegible][illegible]而凜凜乎戲渝不萌馳驅得欽恒慮動静之交或遷乎物則則非有提命之嚴而本小心以存祈惕永貞也亦臨亦保之懷畏天命也如此想其無愧於天自可無愧於人即賓之承天以為德本天以立教者共鑒于寅畏之衷亦可優游而自舒乃既可以對天尤期有以對人雖無負乎明天之望翊人之

教者一專其淵源之志要鑑瞬息之或弛其畏大人也非僻于勢之
顯位之崇也誠以禮樂刑政悉天寵之以稱亮工之勳故在大人
以之報世存君子以之治心是其不敢褻視大人者正其不敢褻
視天命也而臨以師保猶其凜焉者乃其畏聖言也非震乎詞之
發義之具也。誠以詩書載籍實天啟之以為覺世之官故聖人立
此為謹訓而君子即欲之為昔蠁是其徵驗乎聖言者正其徵驗
至天命也而維繫彌綸洪運焉者耳則君子之畏大人聖言也
孰非畏天命之心所載以俱傳者乎一蓋立極植立言論而知有命天
人物無二理而尊卑聯屬待贊而以集天三畏聯會一心此君子為

魁卷

能法天時與大人之德而傳聖人之教也彼小人何足以知之

不徒才不使聿息一郡總自是當乃未免之化

○○○君子有三畏

全章

張中丞月課鼇峰書院超等一名　黃淼

畏之至者知之至君子所以異于小人也夫天命與大人聖言何一不當畏哉知則畏不知則不畏此君子小人所以分也且人有心而恣焉以自快豈不甚便何以古昔聖賢皆兢兢然常有所畏而不敢肆自不知者觀之得毋疑其太自苦耶惟其然而君子小人之極于此定矣蓋君子所以異于小人者誠知所畏焉耳天有顯命厥賦維均而大人體天以經世聖人本天以立言此三者何人不當畏而獨君子畏之也哉乃曰明曰旦赫赫乎鑒觀在上也亦臨亦保惕惕乎奉若不違也承天命而任宗子家相之責者大

（批：叙然知作　一喝全題都動　重提天命　叙三畏仍以天命作主）

人之臨我何其尊闡天命而秉彰善癉惡之文者聖言之訓我何
其切君子無不畏也而約之則有三畏豈故為是自拘束哉惟其
窮理格物灼見命之自天無一物之不體所以戒謹恐懼顧諟天
之明命無一息之不有尊有德欽有位不敢有狎心焉畏天命故
畏大人也言有教動有法不敢有侮心焉畏天命故畏聖人之言
也而小人不然矣狥生縱欲既昧乎吾性所由來背理害義盡支
乎生人所固有語之以天命且茫然而不知也而何有大人何有
聖言糾之以天命且肆然而不畏也而何所不狎何所不侮也哉
甚矣君子小人之相反也夫小人恣睢無忌方且笑君子為迂而

君子有三畏 全章（論語） 黃 滐

君子競惕靡寧怵恐蹈小人之轍故敬天奉天而與大人合其德與聖言契其旨者君子所以修之吉也慢天褻天而自絕于大人自棄于聖言者小人所以悖之凶也畏不畏敬肆分焉知不知明昧別焉將為君子乎將為小人乎孰得孰失必有能辨之者

三畏平分却以天命作主畏字又要緊跟知字來斟酌盡善推勘入微讀之悚然有動心處直可羽翼太極西銘等篇講帖括家言者罕能到此儀封張夫子

意到筆隨文成法立由其根柢深厚故動合程度與挑逗穿揷家數不同韓子云氣盛則言之短長與聲之高下者皆宜讀此

悅繹亭試草　論語

晛羿亭試草 論語

猶信 林誠熙

二股着句遺想兩柱

君子有三畏 一節 裁對八股文

黃超

君子之學主于理可以得其用心之所在矣蓋畏有三而理則一天命理之原而大人聖言皆理之所在而不可忽者也以是為畏大落題君子哉且自競業之傳肇統于唐虞主敬之學紹述于後世未有立身學問之途而可不以嚴憚居心者也蓋心者萬事之原而敬者一心之宰此其心亦安往不存而天人上下之際可以得其用心之所在焉審是而君子之心之必有所畏也有所鑒于理之必不能遺而畏生一事一理何若是之彌綸而不能外也玩愒之情亦何自而深有所鑒于理之必不容恕而畏又生萬事萬理何若

二股裁對天命句心身兩柱

二股大人聖言以題為柱

是之責成而不可缺也苟且之意亦無因而伏約其所畏蓋有三焉天命其一也夫非有形聲而其命之畀于人而載于心者一不慎而昏昧放逸遂為不仁不智之歸念及此而覺無物不有無時不然即為戒謹恐懼而尚恐須臾之或離也此之不可不畏也天非能諳識而其命之載于心而發于身者一不慎而放辟邪侈遂為反常失道之漸念及此而覺及爾出王及爾游衍縱為操存省察而猶恐出入之無時也此之不可不畏也至于大人位天位治維定天命天職食天祿人爵也而天爵隨之矣微論濬明有家亮采有邦百有三德六德之可尊且其奉天子命以臨長百姓一政一令皆有

稟承而欲以草野倨傲之姿漫為質對其若王命何畏之哉賢其

賢既有所憚而無敢自恣貴其貴復有所凜而不敢以遲殆不以

為富貴之崇高而以為性情之師表也此其所當畏者又其一也

、、至于聖人之言本天道秩天秩序天序王道也而天德藏之奥微

論安勉殊質性反異量已有典謨誓誥之可傳即其奉天之理以

覺世牖民片語單辭皆見精微而欲以飛揚浮動之氣輕為聽聞

其著師資何畏之哉銘于器既盤盂戶牖而在在可稽銘于心復

寤寐羹墻而忽忽如見詎不以為往哲之緒綸而以為當體之箴

規也此其所當畏者又其一也分之維三顧諟于無形具瞻于有

分合兩
綜家真
大力

位詩書之訓戒一一如新合之皆畢盥心于爾室懷刑于大庭有
道之德音時時欲佩此其所以爲君子也
與全章文又不同彼取與小人注射不應重滯此當斷正位實
理不取輕靈也中間三向四股亦自截斷于上一向之重而得
之

君子有

君子有三畏畏天命畏大人畏聖人之言　十五名　黃恩錫

聖明君子之所畏而天與人有交勉焉蓋維天之命大人能全之

聖言能發之君子之畏所為三者之交勉也然於大人性然不昧

之心固與時可以自安者也天與人有勉不容已之故即引與心

無可以稍逸之端苟出其身與至理相戕乎而有密潛通乎常情

出其心與且明相燦爛而肅將並切於觀型則鏡焉中處而昭事

慶有不啻日休以明威而時凛於明訓者吾嘗於上下古今而

知君子之有所畏與學者之操存多所懾而刻勵愈難以自寬矣

真精妙合者而欲藻其光則維皇之眷注彌悚其嚴翼之精神通

士之憂勤一引咎而俯仰胥無以自釋思豹靈獨得者而欲遂其
初凡聯示之與型皆鑑其幾黷之意氣每雜其所長而約之以三
稟乎日監之在茲也惕乎有感之皆通也容天命若大人若聖人
之言何一而敢慢哉念賦予之維均一一罔降衷之寺則畏在道
心之微也微者易忽而天不可譏微者易失而天不可棄斯隤所
獨而畏隨之無聲無臭者嘗不爲我寬則先知先覺者皆足爲我懼
況乎乘權出命載之精惡訓開維皇之秘大人聖言皆此幾希者
以響於前而休於後撫躬罔克苟而敢不夙夜欲承歟懼後起
之私累一一絕匪幾之貳則畏在人心甚危也危者易傾而命自

君子既審所畏則亦烏有不畏者哉經綸雷雨之猷必本天經以出治川嶽之降匪易篤生蓋有默契乎天心者而後輔相裁成及以纘猷建極也君子以畏天者畏之守其典章循其法度蹤至於祇肅惕亦備聞聽視之尊嚴是大人固荷天之寵而君子寅欽命之職矣禮樂詩書之蘊必援天德以抒華風雨之藏何經剝蝕蓋有隱務乎天意者而後文章經術乃以垂世立教也君子以畏天者畏之資其誦習致其研窮雖至斷簡殘編亦惟勞球圖之瑰異則聖人固纂天之訓而君子即承命之繇矣君子之三畏如此夫儲性命之全而深之乾易乙元爲誠則之原而猶必小心翼翼

墨卷

於以見君子祇畏之意積而見真誠續天人之機而矣以寧存亡足著昭垂之業而正惟成性存存也益以見君子敬畏之心純而不已此君子心學之要也彼小人者抑何其無所忌憚也哉

君子有三畏 一節 黄繩先

合天者視人皆天故所畏有三也夫君子以知天者事天則所畏唯天而已然而大人聖言即天命之所寄故君子以兼所畏者專所畏且人知帝載之鑒觀有命而不知形骸之所遇皆天與接為構而猶不足以提其惺惺之神設空言洶穆之天而理不麗於寔則心已適於虛君子以為合人於天不若視人皆天之尤為凜凜焉以爍設者為凝承正不敢曰別白而定一尊耳今夫命為性道之原而天於是顯焉古来未有不畏天之人特恐昧昧於命之所寄而遂隐以褻天也君子於此有惧心焉聰明無不到而管窺象

（洪掞）（全節圍成一句）（節作提眼共四開胸置全局）（點下）（小人為根）（馨敬鈴圍）

測孰識衣冠謦欬之可憑夫動息相關而尊聞行知之地明威之
昭布非虛矣旦明何在祇川徑寸之清明與為管攝而精神可以（百鍊）
遥接即告語可以潛通一智慮無不周而探渺窮幽或謂變動周流
之已幻夫會合有原而飭躬育德之間奉若之淵衷愈肅矣覲聞
可據不外靈瑩之濬發握其中樞而大觀者在上非遥重兵者相
申彌殆君子曰是不可僅以畏天之說攝天下之心思也合天與
人而一之若判天與人而二之且舉人之體天之撰闡天之經普
亦與天並列而三之則君子有三畏焉挾名物象數之說者謂風
雨露雷布其經濟月星河岳燦其文章日役役於鋪張揚燏之途

而不知几席之地具有真精將使天必日新其景色以制斯人之
戲渝而天命亦褻而不尊夫型民豈真有爵賞則庸民何待於壤
高○了○如○殊○
蒐故泥天以言命而畏之者在耳目不在神明畧畏神服教之論
為○不○知○人○即○天○者○言○主○刑○公○以○天○變○不○足○畏○故○至○於○非○
者謂咫尺即有天威圭璋不能達其望呼吸可通帝座鐘鼓不能
○聖○賜○経○
載其靈任紬〻於虛無茫芴之中而不欲以昭事之明生其振動
是天若幸民其褻臭以恣在我之馳驅而天命亦懸而無薄夫亮
工○錬○
工者帝所簡亦覺世者天之民惟即命以奉天而畏之者人可相
全
丙○思○綺○合○工○然○天○成○
參即不必言天無二上大人聖言君子殆與天命並懍懍矣不知
題如脫 通局作法
其畏天命者正見之於畏大人畏聖人之言此其兼用所畏者正
第○節○

以專用所畏者也通微合漠之中寔有見於對照參觀之有象而
三句總看得是二是一全從下節對照而
出
心維而儀若格之亦口誦而躬若傳之豈第曰範我步趨警我聾
究大声宏擇其精者以鳴
瞶哉陰陽何迹而大人以位龍德之中龜馬何靈而聖言遂洩圖
說理
書之秘不明其為天之所寄猶當奉為宇宙不易之經既明其為
如轉環
命之所依顧不守為人心不祧之則乎得主有常而畏之相因以
致者寔同條而共貫意用神明之變確有信於古今上下之可通
而立極者曰監不遠明道者帝謂匪遙寧不曰唯位之元於帝其
奇想入云
訓哉雲火且以紀官曰星可以則象誰謂非天之吏震怒則不畀
其父斡蠱則再錫其子孰云非帝之經不悟夫民彝之外無天則

而非盡人何以達天唯知夫繼天之學在人功而益凜於窮理之

處處還他筋節

已能至命戰兢不貳而畏之分峙以見者亦兩化而一神君子以

尊用其畏者兼用其畏如此唯其知天人合一之理而視人之皆

天也

玩下節也字題勢原具側注之意識解所到壁壘一新行文亦

遍身筋節純以精神團結而成

君子有三畏畏天命畏大人畏聖人之言　七名　張垣

君子以敬天者承天歷精之而統成其畏焉蓋畏者明之所積而形也徵之天命以及大人聖言一畏而無弗畏者非君子所獨有哉嘗思理散於天下而統於一心惟賴此徑寸之清明相為攝耳由其清明形為兢業敬以作所者無名象之可分而懼以存心者覺形神之俱惕為深窺其隱微而靜驗諸實事固非虛為此凜凜也今夫盡性至命之功於穆載其理作君作師之任道法寄其權君子者於俯仰天人之際以矢其肅恭匪懈之心納衆所長並有三焉夫積於無形發為有象者帝降之精周於流品而受諸秉彝

詩一房

昭諸日用者易簡之機責於心源吾見其畏天命矣冥漠之表呼
吸可通如在上而如在旁者婉畢生之清氣迎之而猶恐不合而
敢不惕惕乎天必自我承命必自我立爾室之遇藏甚密而神聽
鬼聯叢集焉而會無或遁推之鑒觀有赫警象於風雷靈爽式憑
告虔於郊祀皆此操持勿失者以與為凝承耳簡身之理審察難
寬覩不見而聽不聞者以一心之兢惕維之而猶懼或失而敢云
泄泄乎本之天者弗敢康受之命者無可諉方寸之為地無多而
虎尾春冰交迎焉而無容或懈推之戚豫非遙皆因心而造境畔
援非外亦因境而生心雖此奉若弗違者以與為昭格耳君子之

畏天命也如此而天非虛而無所寄者也散之政事則建極綏猷所以禀天位著之文章而傳道設教所以重天經彼大人聖言何莫非天命之所在而可不畏哉大人闗經綸於草昧欲劑正直剛柔而泯其迹必藉禮樂政刑以大歲成君子曰吾遵其蕩平而弗謹其法守乎覲光而錫福徧德者及黎服教而畏神懷威者嚴恩尺步亦步而趨亦趨率由不愆儀象如親帝載矣聖人進闡汝於昭融欽根韗檄賾以傳其薪必有典謨訓誥以隆著作君子曰吾聆其法戒而可生其嚴越乎書冊可以會精微像覺之深畏若揭詞訓可以親樂育人倫之裨益良多面為命而耳為提佩服不忘

祉卷　詩十房

○○○○○○○○○○○○○○○○○○○○○○○○○○○○○
誦讀如聞帝謂矣要之即三者而各盡寅恭徵之聲臭之俱無顯
○○○○○○○○○○○○○○○○○○○○○○○○○○○○○
之身心之交餙靈瑩克濬而負荷維艱並有其亦保亦臨之意合
○○○○○○○○○○○○○○○○○
三者而胥涵於宥密遠之體乾坤之撰近之通政教之原理道不
○○○○○○○○○○○○○○○○○○○○○○○○○○
殊而仔肩莫併繼歸於曰明曰旦之誠若小人則不知所畏矣烏
足以覲君子之學哉

畏天命畏　三句　　張晟

畏之實而畏乃在君子矣夫天命與大人聖言匪獨君子當畏也閑於當畏而畏之斯其為君子且學術之獨深也自其居心之始而已嚴矣葢內焉有與心相深者為心所受成之理外焉有與心相接者皆心所受成之端惟凜之以一心而心已不致泛用而存者也以不敢妄用而存焉君子之三畏何哉畏則有不敢恃為君子之思聰明羅周於名理之域而惟是微顯之深于宥密者所當欽大畧而約以小心畏則有常深不克為君子之慮古今無一可逸豫之事心之切于神明者尤當本兢業而篤以持循抑思群天下体天而克成其為君子者也体天以成其君子則

君子與体天而詔我為君子者孰非畏之所當至
忽畏所相因而至者執一曰畏天命天日在人之中而
不必藉乎權命具于性之始而不哀見乎辭理已處乎甚尊矣尊者
顧可昧承之乎君子審此矣畏降監之嚴始克見天于命畏恒綏之
重始不誘命于天凜〻焉欲一念之遠天而不敢也夫帝載之精何
人不當深其嚴翌而君子之深其嚴翌者已如此一同畏大人大人
有奉天之學而德以大〻人有基命之功而業忽以大望已居乎甚
嚴矣嚴者顧可慢視之乎君子辨此矣見大人而畏可于大人治一
[illegible]人之而畏即于一心見大人兢〻焉欲一事之拂乎大人
而不得也夫德位之際何人不當加其懲傍而君子之加其忽傍者

已如此一曰畏聖人之言理人倫大人之德而天事賴以宣聖人不必有大人之位而性命恃以傳理已辨之至精矣精者顧可忽置之乎君子晰此矣（照知字）因言以生畏畏在謨訓者淺即心以見聖畏在幽獨者深業業焉欲一行之背乎聖言而不可也夫精微之旨何人不當致其佩服而君子之致其佩服者已如此此以知君子於理有必赴之力於心有必飭之幾省察至而寅畏深故一日見心終身皆進修之務抑君子于學無憚用之功於心無慢用之端精明生而劄防密又一日洽私終身皆窮理之圖彼小人烏足以知此（亦承二比更足）

人聖言主腦畏天命則自不得不畏大人聖言斯作還上句便伏下二句指下二句際顧上一句平對之

下諭

一串○深心大力誠爲是題絶唱○

畏天命　張

[君子有三畏] 畏天命畏 三句 張默

畏天命畏　三句　張默

君子識所畏無時而不敬天命也甚矣天命之所在賴大人以奉
（恐知字）
之尤賴聖言以著之也畏之則無往不畏矣君子之識抑何深哉
且古今來惟此一理流行于上下之間其賦之也出于天其全之
也存乎人位望極隆者不能外此以為行神靈絕物者不能外此
以定訓惟有甚深之識斯無往不昭其主敬之學而人品遂戛然
（總一句使截住上文）
異焉其惟有三畏之君子乎夫君子者蓋深諭乎天人相與之微
者也天與人甚遠而其有所畀乎人也則甚近身心性命之微一
（便見得當畏）
若有不易之則明明示人以可循是命之自天固人之所秉以為

性者也○而謂可離乎○君子洞悉乎我生之原○而又深之以戒懼之
學○但使天之命我者如是○而我竟如其所固有焉○則欲天即所以
盡性也○亦何從而非畏之存存者與○天與人其殊○而其有所賦于
人也則甚親○日用飲食之際○一若有當然之準○明明予人以莫越○
是命之自天○固人之所率以為道者也○而謂可棄乎○君子熟識乎
我生之理○而又加之以謹獨之學○但使天之命我者如是○而我復
還其本然焉○則奉天即所以修道也○亦何時而非畏之亹亹者與○
惟天有命○而奉之者大人也○德處位隆○古來不忘其人○要皆本天
命以為率循○則大人之所服習○即人心自然之理所由昭也○君子

節知乎只在天命上此極分曉

會乎天命之理諒不于奉天命之人而生其戲渝者也奉大人以為章程不啻師保凜之矣畏之至矣惟天有命而闡揚之者聖人之言也帝典王謨煌煌炳史冊間要皆奉天命以為訓誥則聖人之所表著即人心同然之理所由秉也君子悟乎天命之理自不于闡天命之言而生其怠玩者也遵聖言以為箴儆不啻神明奉之矣畏之至矣蓋必如是而後為畏天命者也夫畏天命之君子知天命者也

此題用以反筆便侵下節意此文獨能免于是患其筆意亦殊清朗後二股更能破的為文雖無定體然格局亦有漸漸宜

戒者○即如此題○則以天人對發二股者○前為不妥蓋題言三畏○
若以大人聖言對天命○不幾改三畏為兩畏乎○其次則總發者
亦屬不可○本題三句各有精義○總發則恐難于逐句詳盡○且又
不能截住君子有三畏句也○又其次則不宜前以天命大人聖
言作三股○後以畏字作三股○蓋此題重在畏字○說天命大人聖
言處○便須拱出所以當畏之故○不可泛泛鋪排○許予遜畏聖人
之言墨卷○句句是畏字精理○無一語鋪排聖言○方為合作○若前
以天命三者作三股○其為鋪排何如耶○愚謂題面本是三平○而
下節及本註○皆用天命串說○若以三平立格○而于下二股用天

命串下。既合下意及本註。又能還却題面。爲此題正格。其次則如此文以四股立局。亦與下節意及本註相合。至于或三股或四股之前。更用二起股總說。則亦甚難措詞。蓋題既截去存子有三畏句。若起處從說畏字。便遺却上文。此亦前輩所極論者。不可不知也。武曹

停穩清快。便爲合作。至于此題作法。則武曹大兄之評備矣。

畏天命　三

張默

畏天命畏　三句　　二十八名　張默

君子識所畏無時而不敬天命也甚矣天命之所在賴大人以奉之尤賴聖言以著之也畏之則無往不畏矣君子之識抑何深哉且古今來惟此一理流行于上下之間其賦之也出于天其全之也存乎人位望極隆者不能外此以爲行神靈絶物者不能外此以立訓惟有甚深之識斯無往不昭其主敬之學而人品遂夐然異焉其惟有三畏之君子乎夫君子者蓋深喻乎天人相與之微者也天與人甚遠而其有所畀乎人也則甚近身心性命之微一若有不易之則明明示人以可循是命之自天固人之所秉以爲性者也而謂可褻乎

一起澀滯莫可遏抑

勿實不浮

君子洞悉乎我生之原而又深之以戒懼之學但使天之命我者如
是而我遂泯其所固有焉則敬天即所以盡性也亦何往而非畏之
存存者與天與人甚疎而其有所賦于人也則甚親日用飲食之際
一若有當然之準明明予人以莫越是命之自天聞人之所率以爲
道者也而謂可棄乎君子熟識乎我生之理而又加之以謹獨之學
但使天之命我者如是而我復還其本然焉則奉天即所以修道也
亦何時而非畏之極極者與惟天有命而奉之者大人也德盛位隆
古來不乏其人要皆本天命以爲率循則大人之所服習即人心自
然之理所由昭也君子會乎天命之理諒不干奉天命之人而生其

（不既有何）（老氣）

戲渝者也奉大人以爲章程不啻師保凜之矣畏之至矣惟天有命而闡揚之者聖人之言也帝典王謨煌煌炳史冊間要皆奉天命以爲訓誥則聖人之所表著即人心同然之理所由垂也君子悟乎天命之理自不與揚天命之言而生其忽玩者也遵聖言以爲戒嚴不啻神明莅之矣畏之至矣蓋必如是而後爲畏天命者也夫畏天命之君子知天命者也

題是三句理本一原覘下小人畏大文可知會此可與讀是篇

畏天命　張　默

畏天命畏　三句　十一名　張永銓

以存理者存其心。君子之學自獨至矣。蓋理之原于天命者。即備於大人聖言。君子以畏之者存之。其學不有獨至哉。且人終身之德業。而可于一念定之者。人固曰能存其心也。吾則曰爾亦思若人之存其心者果安在也。蓋能存心者必察乎理之所自出與理之所由全。而徵求之。而約操之。而後理之無往而不得者。心亦無往而不存。此其功不得不歸之君子矣。君子者其德性固原乎天。由而在上則為
摘下大人○聖一作一○提
與道致治之大人。處而在下即為垂世立教之聖人者也。乃吾竊其
○○二○比○又○將○全○靈○
心之所事。則獨見其有三畏者何也。論其德之成則盡乎人。即以合

分合龍單五居

乎天固有統天人於一原者徵其自然之諳論其功之家則凜乎天

尤不敢忽乎人又有合天人於無間者深其獨至之心一夫理之所自

照小滿

鎖上生下

出者曰天命理之所由全者曰大人曰聖言吾于此竊有以窺君子

之存心矣君子曰吾察乎吾之所自具者而覺天命之不可輕如吾

實際不弄虛胖

之所具者身也天即命之以肅乂哲謀之理者也此其理可聽其或

存而或忌乎畏之哉若吾有身即求端乎吾身之理祗乎有如是

畏字清透　三句一理

則為君子不如是則不為君子者彼帝王之臨我涖我者此理也聖

賢之敘我庸我者亦此理也而何地敢繹其糾虔也君子曰吾審乎

吾之所日接者而覺天命之不可褻如吾之日接者倫也天即命之

以仁敬孝慈之理者也此其理可任其或得而或失乎畏之哉若吾有倫即求全乎吾倫之理翼翼乎有如是則合乎君子不如是即大悖乎君子者彼朝廷之陟我黜我者此理也師儒之訓我迪我者亦此理也而何時敢忌其兢惕也吾見其于天命也靜存動察罔斁其功則以為畏天命其於大人也遵道遵路無貳爾心則以為畏大人其于聖言也如臨師保如承父母則以為畏聖人之言當其始或有勉致之勞以天命為畏若心之蒞於天者恒多也以大人以聖言為畏若心之隕越乎大人聖言者不少也持之以顧諟之深心彌覺此心之莫可恃迨其後遂有家敦之樂畏在天命則心之默契乎天者

一凜渾然自多也畏在大人聖言則心之合符乎大人聖言者亦不少也加之以存誠之實學彌徵吾學之日有功然則君子之畏何如哉曰戒慎也恐懼也主敬以嚴其修格物以窮其理此則畏之實也不然其不流為小人幾希矣

局奇而法語秀而精

畏天命　張永銓

畏天命畏　三句　　　癸酉第八名　費洪學

歷詳所畏之實、惟君子能識其當畏也、蓋天命大人聖言、皆理所當畏者也、而非君子孰能識之乎、且夫人置身于天人今古之際、而一一奉為敬畏之端、幾疑其有攝心之勢、而無從理之遵矣、不知聖賢主敬之學、惟實有見于理所由來、與所由全者、皆于我身有不可寬之責、而禮之愈密、斯持之愈嚴、蓋有本原所存、而非强以攝心也、則君子之三畏是已、今夫君子者、上承乎維皇誕降之原、而下彰為垂世立教之業、此固天命賴以昭宣、大人賴以繼緒、聖人之言賴以維持勿替者也、夫寧尚有所歉、而必惕惕乎畏哉、乃君子審之熟矣、一

能知定題之

含知字意

高當而入

總挈作翻全局得勢

曰畏天命。宜漠之中。豈聞帝謂。然而仁義中正實本於穆之粹精以（先請天命不可不畏一層）
相賦。使殫生平之敬奉。而一念偶弛。即足以失秉彝帝錫之良。而負
漸于生成。而謂褻越承之。可乎。君子念此。皇然也。靜存于夙夜宥密
之中。而旦明無敢渝者。不啻天之默為鑒觀也。動凛于應事接物之
交。而持循罔敢斁者。不啻天之日與糾繩也。蓋至踐形盡性。舉天之
所以命我者。已凝承而無愧。而君子操存涵養。猶恐或虧。非㢹見乎
天命之難諶。而有此畏哉。一曰畏大人。勢分之際。豈容屈節。然而德
盛望隆。實能奉若天道以立極。使殫生平之觀法。而一端偶肆。即足
以致大庭指摘之加。而貽懈于國憲。而謂褻焉玩之。可乎。君子念此

每比必兼兩意

悚然也內之欽其道德之蘊而大人之立名勵修者殆將師之而法之焉外之觀其文章之著而大人之經世範俗者殆將亦步而亦趨焉蓋至觀摩景仰舉大人之所以承天者已比隆而無慚而君子降心肅志猶恐或愆非深明乎大人為天命所當尊而有此畏者一日畏聖人之言精微之統豈在文辭然而詩書禮樂無非闡明天道以示教使殫生平之講誦而一言偶負即無以質尊聞行知之素而抱愧于上帝而謂空文忽之可乎君子念此凛然也言之在乎明道者危微精一發千古之心原是宜師保奉之矣言之在乎治世者井田學校詳百王之謨猷是宜規矩遵之矣蓋至極深研幾舉聖言之所

以明天者己身體而纖纖而君子口誦心維術恐或違非熟察乎天命之待闡于聖言而有此畏哉一夫然天命賴以昭宣焉大人賴以總緒焉聖言賴以維持勿替焉信非畏不致此也否則流為小人矣

大主考總批　真摯之理清洓之氣言言警拔筆筆醒靈

本房加批　骨秀神清心靈手敏沉着透快春華秋實兼而有之

畏天命

君子有三畏畏天命畏大人畏聖人之言　八名趙佑

君子學以畏成所竊於天人之際者微矣蓋天命以立人之道而大人聖言皆繼天之功者也審乎此而以畏承之其斯爲君子歟且儒者之學問從戒懼而入則造化之權與君師之統乃莫不毖之以一心矣蓋察識既周執秉承自審其理共在人身心俯仰之間而多端以相警者若獨見其自得之爲難誠有當怵而奉之者耳今夫窮理者慎修之矩主敬者立德之基藐然一身而中兩大後百王將責之庸民而覺世大要可畏之數居多也吾於是觀君子矣体大而其心愈小常有所鑒以制其自逸之思一息之操持

總具全神相周浹則原委畢貫而義類之著察者已精境安而其情易危常務於嚴以攝其自覺之氣萬理之体備總緣一念為關存則微顯交修而夙夜之寅清者倍篤試為實徵其有而約指以三同受中以生則形色皆稟陰陽之撰天高而命顯焉品物雜糅惟得其靈者獨貴血氣交引情從乎朔者易溺君子窺於絪緼而監臨無貳爾心貽事不回其德自有此最則帝王之治得乘天以進退之筆削之功不過承天以褒貶之矣然而天下不能以空虛之積儀天下也則必作之君道大而人尊焉德可以範冕旒不關紘分之華位在於元命討惡布彝倫之福君子察乎會歸而順越無

乾端差即寓章自堪寡過已天又不能以寘漠之靈言萬類也則必宗諸聖人聖而言庸焉者自洽於崇深擇尤雅而益闡圖書之秘說不踰乎典則傳其人而亦扶君相之窮君子求所折衷而百家之誕邪敢居故六藝之信有必考已若是者惟君子有立乎畏之先焉因既乎畏之實焉物情若克返觀則惕厲之神必至天命赫乎在上亦易托於元妙之鄉而大人或徒萃以名聖人第偶傳其說正視乎体尚者之容為參君子昭曠自居本始舉作止語默息息與帝載相權而常惺之意命矣豈容瀆明堂之位而軼儒行之書人心多所不敢則從逸之習自消天命附在吾身原確有其

範圍之準而大人弟弟遜而合德聖人亦時憲以垂謨統矧乎盡
在昔之順而事君子憂勤不越恒修即風雨露雷亦在在以人事
彼攝而交孽之糾虔夫且以備建極之　纘修文之緒而小人
昏不知也是以勿畏入畏也

君子有三畏 一節　趙佑 八名

君子學以畏哉，所以寓於天人之際者微。蓋天命以立人之道，而大人聖言，皆繼天之功者也。指乎此而以畏承之，其斯為君子矣。且儒者之學，得從戒慎而入，則從化之教，與君師之統，乃莫不畏之以一心矣。蓋察識既周，斯稟承自審，其理具在人身心俯仰之際而多端，以相警者深，擇思其僅，戀絲誠有當持而奉之者耳。今夫窮理者，慎也，然知至難者，立德之基，存養之一身所守所大。像自操持敬，加嚴威而懼，化大愛可畏之，數屬多端，吾於是觀君子焉。體大而其心愈小，常有所警，以制其氣，遑之思，一息之操持

論語

壬申會試

讀書十一隅 論 壬申會試

總具含神相關決則原委畢見而義類之著察已精一境安而其情

旁念常務於斯以精其無窮之變爲理之體備擬緣一念爲關蒼（此正點題面長處）

則微顯交備而實於之實清修爲一試爲寬徵其備而約措以一同

受中以實則形色皆畢默陽之機天高而會顯爲品物繁猶惟得

慕[illegible]氣交動將從乎身睿易濟君子親所細繹而監臨

無藏爾[illegible]事不回[illegible]自存此[illegible]於天之適得奉天以進退

之葉[illegible]工不過[illegible]天以[illegible]一[illegible]所天不能[illegible]之秉

天下則必作之[illegible]大而[illegible]馬德[illegible]以[illegible]不關勢分之

華倚於而命試悉准彝倫之錄君子[illegible]所[illegible]閱據無敢

蓋即處尊自堪寡過焉天知不能以冥漠之靈聲爲輕褻則必
諸聖心聖賢記籍爲昔日自治於崇深擇以推而益闡圖書之蘊詳
不諭乎此竊傳其人而亦狹焉相亡竊若子求所折衷而百家之
誕邪敗廢故六藝之信有必參驗若是者懼君子有立乎畏之先
爲風霆雨露爲一於情尚未返觀則隱懼之神必畏天命赫乎
敬畏而學言於一心之目存深知之悉名理人事風俗典謨
正觀乎聖賢者之家教統君子其出自居於始學視聽貌言息之
與憂患相守而常惕之意然安覺敬畏明堂之位而輔儒行之書
人心多所不敬則纖隨之習自滑天命附義吾身原醇有其範圍

也經綸而知人莫非遠矜合德之人於時憲以孫讚統視乎盡性者

道而明於義者固參贊不遂但修即凝雷風雨亦在此以之事相權

道之氣之紳應夫用以從還循之紀而獲修之緒而小人皆可

知盡者以勝民入聖也

此種議論無可翻新出奇處先正論之云局當則意欲寓意常上

則議欲類此作命意方局絕無俗氣息高超筆力挺健無

一庸俗語染其筆端唐泉天稟最高豪爽不襲天崇之貌而能

爲得其神骨鄉會六經俱卓犖不羣今不得不以此事於袁

也　蘭陔

君子有三畏　一節

雍正壬子浙江趙劍　名十一

欽其心於天人之際君子所以立品也蓋心者天人交接之地也君子凜然有畏以三者為主敬之學其即立品之道也夫且學者德業文章皆畢一生之精神凝鍊而成者也〔斬斬明快〕非好自束縛也人之有身天生之君治之師教之來不負乎天不負乎君與師戒懼自不容已而謨叩己全何也造物生人不敢自弛其擔子以必守之〔撫畏學〕則復予以難守之心交迫焉而俯仰古今間幾乎克副又幾乎不克副此際念慮不能自持遂懸揣之以自恐聖賢學問誰在敢寬其躬恃一常〔剔三字〕覺危以持一必符之衷固結焉而神明盧寬間立一格以自程更

法以自律此際中懍時凜缺失遂分擬之以相惕欽哉君子其
以三者為畏也一在天命一在大人一在聖人之言一立極曰繼天立
德曰達天、命者大人以宜民聖人以訓世人之範也褻則謔我、
大烈奉則眷我、畏其幾日用格處常凜一有赫之帝以惕人事、
則容甚也且夫大喜怒毗於陰陽呼吸通乎閶闔一身內即有天命在
焉君子畏之不必假蒼玉以告虔而感通已在宥密則無時不凜、
矣統尊曰天子領德曰聖明大人者天命以作君聖戴以為后、天下
之主也位則莫敵我畏以形德則莫踰我干神祇颺稽首常存一
赫濯之聲以振頹靡則嚴甚也且夫大躰名官小躰亦受職一身

內即具大人象焉君子畏之不必執雉圭人而贄而嚴翼已在隱微則無時不惕矣至德則稱天生在田亦大人聖人者闡天蘊與而有著作代君覺世而垂詩書人之憲也（透骨之論）若以垂法戒畏其異要以垂戒哉畏其同視聽言動常恐以一字之識致譏終身則欽甚也且夫談言有中謨則可嘉出話不然玷則難去一身內即有聖言可若

君子畏之不必對卯典而誦法而惕若益深朝夕則無時不兢（究竟三字）矣聖賢無外飾之學乾惕者內焉而已不得不兼諸外以盡之三者（老到）內外交修之道也學者無偏至之功戒慎者天焉而已不得不參諸人一全也三者天人交毖之修也夫如是乃無負乎天與君與師君

居子有 趙劍

居子有
趙釗

子
其知命者哉

畏字輭入肌裏三字亦能照應華老詞凋名宿何疑題解已見萬墨語類凡有位有德皆謂大人按有位不限定天子如孔子之見冕衣裳面紀使之見郭汾陽皆是有德不限定聖人如原明師事伊川年爵相埒游楊侍立左右雪深三尺馳林月魚之事艾軒三十年而代其席有遂即孟子所謂達尊西銘所謂尊高年者山洛陽故事皆尚齒不尚爵孔子時所謂聖人即指二帝三王無不遭時得位者諸墨于大人多誤解而自畏聖人一句題須大人處亦多誤甚矣講章之善禍世而時文流毒不小也并質之

君子有三畏　一節　　雍正壬子浙江　厲清來　七名

君子存理之學、衆著于畏矣、蓋天命者理之原、大人體之、聖言闡之、孰非當畏者乎、君子以理存心而畏乃衆著矣、嘗聞狥欲肆而

從崑、崙發源。

循理危則凡理之所在皆心之不容或肆者也不敢肆者內形于

陡、危、安、存、理、之、學、說。

心不可肆者衆著于理故理之挾其不可肆者常分而心之操其不敢肆者則一以一承分而心之無肆者遂亦以分見也能是者

心曲折清警筆法截然。

暗藏知字起畏字提筆警動。

其惟君子乎、君子不以欲蔽心故見理也審君子思以心凝理故

合知字旁批以天命之主而不塡實是高手。

操心也危見幾希之不可不存則必重惜于至貴之數而不可輕理之所寓皆存之所基固弗貴也貴之甚不自覺其衛之嚴、識危

儆之不可不辨則必致力于至難之端而不敢玩理之所著皆辨之所藉罔勿難也難之至不自覺其持之慎此畏之所由生也其中存者惟一其分形者有三君子蓋以理之有所自也而有生以

拖寔〻理字

講○天○命○粘○合○畏○字○講○畏○字○

房批 縮畏字○於天命中

後之聰明才力一攝于有生之初若曰宮骸之用有宰之者不可

○確○切○天○命○方○是○鉄○鑄○文○字○ ○刑○摯○

以是也事物之則有賦之者不可以任也謹諸莫見莫顯以防其離戒諸不瞻不聞以幾其合蓋幾幾乎上帝之日臨之也則一在

以理字求合下二句

畏天命而是遇理之體諸躬者而在已所勉之知能行習一奉夫

○大○人○聖○言○所○以○可○畏○即○從○天○命○看○出○

在彼之繩若曰天德之攸屬以天位其足以臨我也正已之餘推

○是○大○人○之○象○

以正物其有以治我也内之謹身寡過以遵其道外之奉命承教

以惕其威蓋幾ゝ乎明廷之日接之也則一在畏大人由是見理之闡其秘者而我身所具之動靜語默一凜乎知覺之先若曰吉凶之幾有明訓焉我其欽蓍蔡也人禽之判有危辭焉我其嚴師

是聖言之畏

保也至于寤寐飲食必尊其意極之風雨朝夕必守其書蓋幾ゝ乎

揔挽

提命之日隨之也則一在畏聖人之言于以知君子之于理甚

處ゝ以天命作主与起比相稱

精也人所得于天之分亦至寡矣而此幾微者且為萬物之所共

精名論

誘故必兢ゝ思所以保之而無與為益將微者終危也幸有人焉範我以躬道我以言則即此範我道我者皆所以益吾所至寡而合之以見多者也孰不宜兢ゝ也則畏之分而見焉者乃所以精

于合也于以知君子之于理甚神也人所得于天之分又至大矣而此艱巨者更非一身之所能勝故必凜凜圖所以任之而無以刻畫畏為資將巨者終徹也幸有人焉備德在今傳道在昔則即是在今在昔者皆所以資吾所至大而法之以求備者也孰不宜凜凜也則畏之散而寄焉者乃所以收其全也此君子存理之學也

字字全神下字俱極新警滿紙花結儷儷

精凝神人筆筆出鋒脫盡前人窠臼起處用四語直入從知起畏老橫無敵下二比渾冒全題側注天命語語銛銳中間平還三比精理透闢入後總收側注法與起處相配思力刻[illegible]風骨清剛拔奇羣材之上　秦季封

君子有三畏　一節

雍正壬子浙江　厲清來　七名

君子存理之學，數著於畏矣。蓋天命者理之原，大人體之，聖言闡之，孰非當畏者乎？君子以理存心，而畏乃衆著矣。嘗聞殉欲肆而循理危，則理之所在，皆心之不容或肆者也，而此不敢或肆之象，內形於心。其不可或肆之端，顯著於理，故理之挾其不可肆者，常分而心之攝其不敢肆者，則一以一原分，而心之無肆者，遂亦以分見也。能是者其惟君子乎？君子不以欲蔽心，故見理也審；君子思以心凝理，故操心也危。見義命之不可不存，則必重惜乎至貴之數，而不敢輕理之所寓，此存之所基，罔弗貴也，貴之甚而不自覺其衛之嚴矣。識危

○是○三○畏○是○畏

○知○畏○字○根○由

○畏○字○神○力

則一○字

微[illegible]不可不辨則必致力於至難之端而不敢玩理之所著皆辨之所藉因勿難也難之至而不自覺其持之慎矣此畏之所由生也而中之存者惟一分而形者有三君子盡以理之有所自也而有生以後之聰明才力一攝於有生之初若曰官骸之用有宰之者而不可以淫也事物之則有賦之者而不可以任也謹諸莫見莫顯以防其離戒諸不睹不聞以幾其合蓋幾幾（畏字活）乎上帝之臨之也則一在畏天命由是遏理之欲諸躬者而在己所勉之知能行習一本夫在彼之繩若曰天德之修處以天位其足以臨我心正己之餘推以正物其有以治我也內之謹身寡過以遵其道外之恭令承教以惕其成

蓋幾幾乎明廷之日接之也則一在畏大人由是見理之闡其秘者而我身所具之動靜語默一凛乎知覺之先若曰吉凶之幾有明訓焉我其欽蓍蔡也人禽之介有危辭焉我其嚴師保也至於寢寐飲食必尊其意極之造次顛沛而守其書蓋幾幾乎董戒之日隨之也（失子○是○也○）（二股曲折生變用全力收八三字）則一在畏聖人之言而吾於以知君子之於理有甚精也人所得於稟（稟○至○貴○）分亦至寡矣即幸而得焉而此幾微者且為萬物之所共誘故必兢兢思所以保之而無與為益將微者終危也（兢○一○畏○）（卸○下○二○畏○）幸有人焉範我以躬道我以言則即此範我道我者皆所以益吾所至寡而合之以見（句○空○句○細○句○警○）藝也歟不宜兢兢也則君子之畏之分而見焉者乃所以精於合

君子有

厲清來

集

也吾於以知君子之於理有甚全也人所得於天之分又至大矣

雖幸而得焉而此艱巨者更非一身之所能勝故必凜凜圖所以任

之而無以為資將巨者日削也幸有人焉倫德在今傳道在昔則即

在今在昔者皆所以資吾所至大而法之以求倫者也孰不宜凜

凜也則君子之畏之散而寄焉者乃所以收其全也故以衆著於畏

為君子存理之學也

是○三○

畏上係以三字正見缺一不可人知其極力鋪畏字而不知其全

力攻三字鞭畏字只寫得畏字神魂攻三字綫寫得畏字血照澤

云可謂能得士矣

項○至聲

閣清蓀

君子有

君子有三畏畏天命畏大人畏聖人之言

五名　鄭天錦

由審幾而慎動者合天人以致其嚴焉夫畏則能慎動矣而天命大人聖言三者惟君子見其可畏非審幾曷由致戒闇之獨欲惟危從理則裕固也不知惟從理者息息具有危機蓋天人之森列既交人於乃心而方寸之靈明遂致嚴於有象以心諦象即以衆警心欲求一恬愉之境以自安而不可得矣今夫君子盡以人學天之學而淵淵乎作君作師之原者也吾身之血氣筋髮無非繼情之與惟虛靈之宰烱然常惺則一與提撕而鼓蕩之情形相叅為其人生之屋漏影衾猶屬渺茫之景獨耳目之前朗然若揭

然為體會而求端之境象觸處如逢甚矣君子之必有所畏也所畏維何則天命其最著矣不降觀而鑒茲下不諄復而謂[illegible]其明貽之有赫哉夫賦畀維鈞詎於君子獨深其責備而顯設之程君子獨謹其微故性命各正敬顧諟之綦嚴風霆流形本無[illegible]而秉彝常降之精神如聞如見常凜於夙夜有赫之中臨[illegible][illegible]而志為慶匪勝降而神常怵其森若之無遠哉夫旦明獨誠豈舍天命而偶有驕矜而兢灼之心君子必嚴其幾故盡性本於[illegible][illegible]東彝攸斁踐形期於克肖貽質無虧以默佑之真而承[illegible][illegible][illegible][illegible]德地其所衍歟王之謹且夫天命之赫也至矣位綜皇祀稱上帝若

道之所以承也錫智勇而靈聰明師道之所以立也吾畏之而是
彝是訓所以奉君師者豈外是哉故有大人焉有聖人之言焉君
子又未嘗不凜凜也御乾元以首出而承流布化百職肅其聲靈
是非[illegible]勢之崇也夫天有渥威大人奉為表正既畏天有不畏天
之宗子者乎祿位恭天工履而不疚命討皆天尊稱以無私不必
身列拜颺而爾室齋居恍若明廷之對矣負扆臨之獨儼而覺世
[illegible]撫民片言凜如蓍蔡是非從名之震也夫天有顯道聖言代以昭
宣既畏天有不畏天之合德者乎以有心傳無心之與心往陳編
以先覺為後覺之模覺開萬世不必身披圖籍而寤寐無數儼然

師保之承矣。此三者孰非君子之所畏乎。蓋維天有命。早立大人
聖言之型。故必昭格無愧。乃可與遵正路。必神明不昧。始足以讀
聖謨。燦來今往古所流傳者。君子悉根于於穆。而隱微感召。久清
乎不驕不倍之源。而大人聖言。同著畏天之志。故大廷咨儆。惟期
克享天心。性訓叮嚀。不外欽崇天道。取象闕明堂所顯示者。君子
實體諸當躬。而早夜凝承。愈深其敬懼敬愉之應。惟其知之。是以
畏之也。非君子而能若是哉。

君子有三　全章　一　　劉巘

畏不畏而其人以分知不知而其心異矣夫有天命而後有大人耳
言也君子知之故畏之而小人者未之知也何從而畏也哉且君子
小人之懸絕於天下也其分於敬肆之閒乎然人情莫不樂於逸而
折出知字意
憚於勞而君子與小人之心以各異者使范然無所見于中而不明
其當然與不敢不然之思而持介人情之所憚者而獨居之其心亦
未有以自禁也何也君子者以有所畏而戒而其所畏者以有所知
三　知
字成結構
而悍者也晏安者萬物之所貪君子以為危而不敢以就也戲渝者
人心之所習君子以為荒而不可以娛也蓋理莫尊于天而責莫嚴

本朝歷科小題文選　論語　　癸酉

君子有三　全章（論語）　劉巘

於命其流行則陰陽其升賦則仁義其晉接則君臣父子之分與起（側串好下節）居日用之恒而大人奉天職以治人聖人明天道以覺世此皆天之所以命於人者也天命人為君子也非命人為小人也天于其人之為君子而命之即於其人之為小人而亦未嘗不命之也然君子獨有所畏者何也君子曰吾知之矣疎戒謹之功而歉恐懼之力是褻天也天不可褻也然有蒸有德有爵而助天以師保萬民者天之所命也而可褻乎如之何其若罔聞知也夫吾心之本然而違事物之當然是棄天也天不可棄也然為典為謨為誥而本天以申警下民（提便）天之所命也而可棄乎如之何其若罔聞知也而小人曾未之知

也天命以手足之持行不以之幾恭重之容而以之習波蹄之絶久

命以耳目之視聽不以之　盡聰明之德而以之縱狡色之娱不啻

高邑先生能有此一段

天命則其心驕驕則品節可意為之上下其傲狎也其論亦狎也心

文字

失其天則之安而自恣于禮樂冠裳之地者且深讁乎君子之為拘

拘也不畏天命則其心放放則詩書可意為之褒譏其亂之侮也其

附之亦侮也心藪乎天經之正而自侈其高談異論之風者且妄議

乎君子之為規規也然其人小人也小人何所恃而敢不畏天命而

狎大人而侮聖言哉彼未之知也未之知而不畏焉此君子之所以

乾乾而小人之所以異異也此君子所以窮理以致知存誠以主敬

本朝歷科大題文選　論語

凡所以事天而小人終其身冒昧焉且以為褻為也

上節題面本是三平。語中乃照下節。敘以天命串說。且補出知字。作全章題。自應提出知字為主。而以天命貫下。此文既能得解。而說理又極精警。措詞亦復雄健。傑構也。

君子有三畏畏天命畏大人畏聖人之言　六名謝墉

精其識以用畏析者之而見君子之學焉夫君子惟明其理故能盡其事惕乎天命之重而大人聖言均不得不畏焉此主敬之學乎且儒者學術多端要不外此精純之念有以洞悉於天人之際而其業要歸於主敬其原皆出於奉天惴惴者終其身悉欽若不違之日而於緝熙明道之大一本此爲謹懍焉其惟君子乎天人心之敬非戒懼無以復其初而趨緝之乖惟兢惕乃以返諸正其矣畏之切於人也而況君子者心體乎乾坤易簡之原智周乎內聖外王之學者哉兢業之所存積於片念但明乎聯事之本源而

隕越之虞直自生初而已具凡所當斂而奉者莫不并注於一途
也而志有所專見君子識力之大敬怠之相勝動而多違惟謹於
性始之精微而冰淵之象重以外鑒而益嚴凡其所推而衍者正
復交策以多方也而神有所總見君子學業之全析其所畏威有
三端今夫仁義爲有生所同具而君子不敢委之於性也剛柔亦
造化之自然而君子不敢任之以氣也敬事以應之盡性以臣之
覺同處負險抱陽之中獨灼見於無妄之原而凜然有此一畏也
且夫推畏天命之心以用畏則所畏何敢弛哉有大人焉是繼天
以出治者也藝祇敬於有素而顧於痲瘠之弱慢而易之是亦褻

天耳君子畏之而安不倍之義即以崇時憲之尊矣有聖人之言者焉是開天以覺世者也稟至教於無私而顧於明道之訓藐以聽之是亦棄天耳君子畏之而佩聖謨之彰即如業帝謂之赫矣哉氣之怵惕也必先探乎斯道之大原而後擴而充之莫不洞燭若當然之[illegible][illegible]戰豫濟消君子慎守乎繼皇所降覺實有是爲嚴重不爲道遠之憂而見夫體天地之撰有建其極者爲順性命之理有淺其秘者焉是行畏訓用以通德於幽深而初無所間則抑畏之畏實由微以至著而見天之心者還以立人之道神明之齋祓也必有得於性功之切要而後廣以屬之莫不交迫於難已之情

體然

所識謹信永君子鄭重乎善也所蘊覺實有其无師保而臨父母

者體而由是遵王之路得陰陽之精焉執聖之經得各正之寶

是經是經咸本性天之敍然而初無所强則寅畏之氣直溯於上

達原故參之而布爲萬象者實約之而統於一必要未嘗離焉矣

之心即莫非知天之學也然則人安可不知所畏哉

易二

畏天命畏　三句　　二十九名　顧茲智

心契乎天而命之所在皆稟矣、夫天之命要不外大人聖言以見端也君子契其原所以無不畏耳今夫為事萬物莫不有天焉以為宰物所然之故而有其位者為繼天出治之人有其德者為代天敷教之言苟求其原則我心之內隨在有與天合者而况乎斯理之見端其顯然在人耳目者而敢不敬與吾于是知君子之異矣統業之懷操之不可以懸日然心一而已我求其心之存而持之以為主則動靜可以有據矣出入之間習之幾至于不察然理一而已我自得理之本而奉之以為尊則見聞非至理矣則見夫君子之常有所畏

奉天鄉十選　江南

也以至見一人焉曰此吾所嚴憚也聞一言焉曰此吾所敬服也蓋
大人是天命中所有的○大○人○
其畏天命之心由来漸也天之蒞治斯民者重矣哉淵然穆然所謂禮
樂刑政經綸天下之具皆于天乎脩其理則其命乃尊尊則毋容褻
也雖其道之流行舍于於穆而難測然君子察夫流行之用備哉了
仍只說天命
昔稱之則而其敬天之治者已久矣天之教誨斯人者至矣哉粹然
樂所謂仁義禮智陶淑天下之具皆于天乎擇其原而其命斯重重
則毋容褻也雖其道之精微極于聲臭之俱泯然君子推夫精微之
蘊許我身日用之理而其敬天之教者已早矣若夫體天命以治天
從天命來
○大○人○
下者非大人也乎或一朝之權可用或一日之勢可居似乎君子無

（照中比起意）
與也然而天命之矣禮樂刑政之事天固脩其理而天無為也惟其
命之不容已大人始承之而弗違焉是天方以裁成輔相之責為之
當世之大人而君子之受治于大人亦受治于天之命而已矣且夫
（從天命出至言）
奉天之命以敎天下者非聖人之言也乎或一事之說必求詳或一
（照中比起意）
時之辨不容已似亦于君子無與也然而天命之矣仁義禮智之說
天固裕其原而天無言也惟其命之不容揜而聖人乃發之而無隱
焉是天方以闡揚宣布之功望之聖人之言而君子未受教于聖人
之言亦受教于天之命也而已矣而謂君子之畏天命者能不畏大
人乎畏聖人之言乎蓋天心之寵眷非止勢分之可貴故不慢大人

[illegible]鄉墨選　江南　畏天命　顧茲

二比十六大後二比共百微二个

素即有時爲大人而不敢驕抑天理之表彰非徒文辭之並尚敢不

懇聖言者即有時道聖人之言而愈不敢肆踰謂君子之三畏惟一

畏焉可也

謂大人奉天命聖言闡天命人所知也謂大人聖言原是天命

事以上句籠下二句文心獨朗

君子有三樂　全　孟下　草

破承便絕高華

大賢慨想乎至樂而言之不能置焉蓋人有所願望而不可得則思其事以為樂矣三者之云孟子反覆焉而不以王天下與也因軻不幸乃終身憂哉少也不天既抱鮮民之戚長而願學徒嗟轗貧之多不得已思寄其志於人才而又不易得今竊慨然長思以為君子之樂當乎三焉而王天下不與存也其樂維何人倫者君子之本其亦有父母俱存兄弟無故者乎身壯而眞堂無恙就養服勤得以自盡也同懷而志行不孤弔蘭月征相為歸孩中人生若此不亦得天地之和矣乎一樂也天人者君子之所以考德其

墨中集　十篇

增東草堂

亦有仰不愧乎天俯不怍乎人者乎小心翼翼昭事上帝知乃春之國僑也愛人而觀禮人而答知反身之皆得也人生至此不亦釋千秋之負矣乎二樂也至于教育者君子之弘願顧安所得才之必英而且及乎天下乎是聚聰明之士而時雨化之子弟畜之也且復盡天下之選有與傳心有與荷道也不亦得吾守先待後之志而無遺憾矣乎三樂也以此思夫王天下者勢位之懸誠不可同年語然而以天下養有幾人乎因心則友有幾人乎畏天之咸何時而釋畀民之嵒何日而忘而無陪無卿胡才之乏也有馮有翼胡得之難也視三樂何如哉是故君子之樂吾始懸而計之

參差得妙

王天下不與存焉假使實而有之益信乎王天下不與存焉益樂之至也顧軻于此已矣天倫多痛傳道寡徒惟是天人俯仰之間匪異人任獲幾得自力焉幸一日之免於憂也嗚呼樂其易言也與

今早枯二樂節亦生徒思此章神情確宜如是蓋嘗孟子之所未得者有感於中飯罷復成此作　丁酉四月十二日自記

兩遍王天下不與存焉某三樂耳與因之文認真較量太着相矣且講中三節略於末節獨詳而選家竟謂中二節本處末節實愚者竊不解此等議論二樂孟子說得何等鄭重只將此三者

之極總處實實說透則天天下不與存之故不言而解今乃虛

實倒置總是胸中看得天天下大將三樂欠理會其病不止語

言文字中也　又記

界劃分明看去但迷離一片實理都向神情中見如高山大川

煙雲繚繞於不聞有無明滅俱當象外遇之豈非絕唱　東雙亭

聖賢心事悉從參悟而得之忽現出一片空明境界宇宙絕奇

之文　胡樂泰

舉頭天外恰得個中乃無一字不從聖賢心胸流出真制義中

不朽盛業也　漢階

[illegible]對南 王說方 出言 身分 [illegible]其究

君子有三樂　全　吳甘來

亦不以天下易理有以相收也夫三樂存而天下亦樂資也君子何事以天下易樂哉且以量甚鄙而舍皆俗言樂君子弗居也今世所語樂孰如王天下哉天地父母也帝王兄弟也臨蒞者天人也作師者英才也樂也吾則曰君子有三樂而王天下不與存焉豈樂真而天下幻耶有待而適性分豈盡無歉抑天下外而樂內耶有託而重勢位正堪行志乃有身膺曆數未解窮人之愁功造唐虞不洗猶病之慙勲無放伐莫竇天民之覺爲故哉是以君子首訂樂于父母兄弟樂夫孝弟之身可匏可熟不外闡闢求也繼舜樂於仰天俯人樂夫樵適之神可順可應不外幽獨信也終認樂于英才教育樂乎道德之用可寡可衆不假

皇明文讀三集　下孟　崇禎戊辰　清華[illegible]

三天　一根字　本佛　三世諸　不得　到底不　說出天下　包括皆　尾

勢焰熏也假令一室多缺欲奏雍睦於四海得乎修和府事經緯禮樂本諸天性之德慈皆一樂所映也至舍吾親之樂之天下而於一樂何有魂夢多漸欲彌指摘于神明得乎祚天祀地經民理物本諸星漏之啟信皆二樂所決之至舍吾心之樂之天下而於二樂何有臭味多隔欲任主盟于斯文得年譯宮所升黌序所儲本諸行與之吾心皆三樂所映也至舍吾黨之樂之天下而于三樂又何有權之所集聖賢大其旋蔵三樂于天下不事假空玄摘理之所歸聖賢毓其原藏天下于三樂不必馳神僻自展轉思之終亦曰君子有三樂而三天下不與存焉

識得破何必王天下不可參三樂解局空行如龍翻掉　劉瑞甫

度王濟行機鋒古本不後着一俗韻○王天下不卑就勢佐證　見

此文有奇峭心品悦耳目等語音便淺

君子有三樂而王天下不與存焉　丁酉考試差　正大光明殿　吳壽昌

計君子之樂又而極夫不與存之事焉蓋人盡以王天下為樂而猶不得與存　有之中亦曰樂自有其真耳且天下快愉之境第得之於勢分者要非其至焉者也吾人以一身處兩大之間原不必盡執憂戚玉成之說以自隘其局量而實則躊躇志滿為地無多吾願身嘗者屈指以數爲今夫人鍾乎情之所安而暢乎心之所適不有所謂樂乎哉樂必辨乎其真務使情由境生實具夫泰然寬裕之量斯可以懷足徵本趣而非放懷高寄足稱樂意之有餘也樂又必爭乎其至務使心與理浹深入于毫髮無憾之中斯天

趣常覺環生生而非外境多欣遷云樂事之無窮也我觀君子其所樂約而數之葢不三焉夫所云有者固即其素所存者也而所云存者又必其可共與者也曾是三樂而其外尚有可與存者哉意者其惟王天下乎夫尋常聲勢之緣或有心所易淡苟非推而極之至于王天下而流俗歆羡之意尚以為造物之靳于所施顧崇高莫大之位正非意所能干故既等而量之至于王天下而聖賢寧靜之懷愈信勢分之窮于所附此無論宵衣旰食古之王者初無以天下之樂遂其樂之理即以為萬萬可遂而以較君子之所樂終若一一此而絕不相蒙則惟其情所安者實有真而非偽

耳亦無論　抑馭朽古之王者且有以天下自減其樂之時即以爲萬萬無詘　以衡君子之所樂終覺何有何無而渺不相及則惟其心所適已極至而無加耳故吾得直決之曰王天下不與存焉者以此

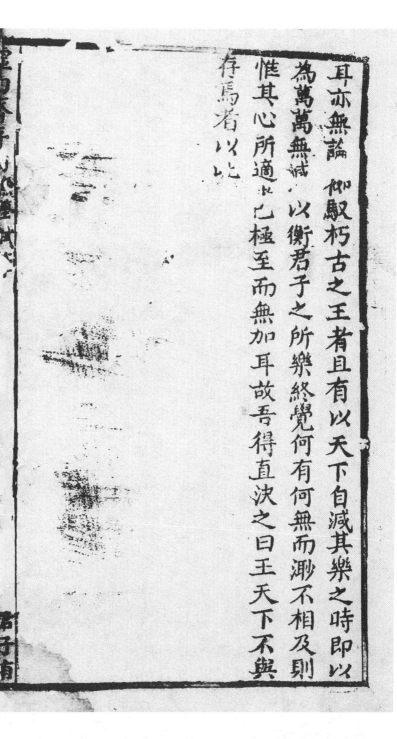

君子有三樂　全　　陳所蘊

君子之真樂，出於常情之外者也。夫常情所甚樂者，王天下止矣，乃君子三樂正不在此，斯為真樂哉。孟子亦人意耳。今之謂樂者，溺其奇矣，得慕富貴而以得不得為加損，遂使天下得以勢分陵之，而在己之欣戚之權，且不能自操，而操之人。吾有戚於君子矣。夫王天下者，今肯以祿樂，則將盛命將隱憲大泰，以所欲則娛心意悅耳目，一旦然樂之真為人情愉快當何如哉，乃君子之三樂，則王天下不與存也。何也？人倫有幸，了本居和之，具樂係之勝也，天不然，遂虛係無慈乎。故一在父母兄弟俱存而無故歟，此家有過不殆殞子之勸，樂係之

舜紫天、題大標本

鄭生天　題文讚本　　　　　　　　　　孟子

脫也躬多愁德能使無疚乎哉一夜俯仰天人不愧身不怍滋錢餘
續不續其子之慶系係之脈也斯文將衰猷以有天意發一在待天
下之英才而教育夫庶幾之驟順不亦於繇為之君臣也身心之無
累積勝於穆清之收斂然一三呼相聞旅不樂於九官十二牧之
揖讓也然而樂在天闕則家六合予庶民之樂詠歎樂在躬修永
帝命綏人羣之縱躁然樂在名教則統自宮朝羣后之樂又難與三
為人終始于天下所慎者二憂勞術則王者下界易矣故曰君子有
二樂而王天下惟與焉是以天下然彼后高爵厚祿斷知不足
嘗其一稱也彼以一命之誇詡其間者驕者其人之賢不肖何如哉

三股以反言見體末路合王天下形體如精金在鎔不離亦[illegible]辭

求仲

三股鍛鍊得斷續都留在末句中藏鋒方是全章題作法

○○○君子有三　全

黃樞臣

樂有至足於我者君子不以彼易世也夫王天下樂矣而歷舉三樂皆不與焉則君子之樂何如哉且君子嘗欲行道於天下而汲汲皇皇恒有大不如意之處及道既不行以其所得傳之來世使天下知孝弟忠信為不易之道而師說嘗尊於後世當其時又若以不行道為樂者我嘗曰君子有三樂而王天下不與存焉人世親疎之感至千百而未有已而未有以越其實人父子者蓋仁之至義之盡也先王之教曰入則孝出則悌蓋傾人之終其身為子弟也而不可得也君子〻吾何以得此於天哉抑又聞之君子嘗守其身以事親矣未聞失身而能事其親者也是故嘗若戰〻兢〻今百行無慫而後

考書猶戒　下孟　易二

不愧不怍也君子樂之天下之士聞先生之能以古昔先王之道自
重也如此聞先生之能以其道為天下後世教也如此乃始抗抗焉
而來洋洋焉動其心矣詩曰榛楛濟濟百祿攸同言王者作人之化
也君子得之樂可知也是故為大聖人也羽淵之痛展帝位而不釋
周公亦聖人也流言居東不樂於兄弟舜為天子矣在床之樂可謂
樂乎若夫慚德之憂湯武不免下此者又安論乎周之興也以八士
望幾之亡也以三經去天下士苟不欲至入山惟恐不深矣又肯以
務位勢為懷哉不敢曰君子有三樂而王天下不與存焉恐與存者
深與易也　有尾
王于一[illegible]廣倫化可以治不肖可以登人才曰不與驀者以先

於學院歲進南
靖學第八名　　程作哲　明三

（破）君子有三樂

原君子之所以有深足念焉夫樂豈特君子有乎而君子之樂則有
三其有不誠之念哉今夫歡欣悅豫之致見於恒人者常多而見於
有道者常少然恒情每不宜有而有其有也亦何足重惟夫躬齊物
望之人而此之所養懷遂有令人嘆挾持（待有字之神）之獨深而性情之獨至
也吾固是有以思夫君子君子民物之表也斯世之故無一不屋其
憂則思深慮遠何在可形其恬並而君子又道德之宗也斯人之事
豈有或疚以忘以心曠神怡安往不見其優游是君子之心自有無
數樂境也而所樂之事寔必獨係（出三字）之以三亦君子之遭正覺恒多樂

事也。而三者之樂。奚必君子。而獨有焉（出有字）。而吾觀君子。實有三樂焉。人月智愚之分。而一於樂則無分。智者遇適意之途。固欣然以赴。愚者遁非常之謠。豈不鼓舞以從。自有君子。而智愚之樂皆無所計也。一（便見王天下一不與存）若以三樂為終身之事。事無所加。又何所損。而始而怡情。繼而暢遂。（雖說墨舞）終而纏綿不已。融融泄泄。遂為君子之所獨具者。有如斯人。有賢否之別。而至於樂則無別。賢者值快意之當前。固歡然而喜。否者遭意外之實獲。豈不抵掌而談。自有君子。而賢否之樂。擬莫能及也。一若以三樂為畢生之緣。實見有餘。安知不足。而始而相慕。既而相慶。久而相忘。陶陶遂遂。遂為君子之所獨全者。有如斯一非必謂君子之樂三者之外別無快事也第以真情所注自有獨深觀其念茲在茲則謂君子祗此三樂也夫豈過哉蓋其所樂者重而餘遂皆見輕耳（去路悠然）亦非謂君子之樂三者之中為能易有也但其真意所流素有獨解觀于永矢弗諼則謂三樂為君子有也夫豈虛哉蓋其所樂者大而餘自皆見小耳觀于王天下不與存而謂君子之樂豈猶人情乎

只寫本文下句便含注甲裏正如匣劍帷燈隱躍動人聳　業師陳雲